10年後の世界を生き抜く

最先端の教育

日本語・英語・プログラミングをどう学ぶか

茂木健一郎
竹内薫

祥伝社

10年後の世界を生き抜く　最先端の教育

まえがき

第四次産業革命が、信じられない勢いで世界を席巻《せっけん》している。そのキーワードは人工知能、ロボット、そして、モノのインターネット。

日本のグローバル企業も、この流れに乗って世界をリードするために、必死の研究開発を進めているが、同時に、難しい経営の舵《かじ》取りを迫られている。残念なことに、すでに、サンヨー、シャープ、東芝といった、日本のモノづくりを代表する大企業が、漂流・座《ざ》礁《しょう》の憂《う》き目を見た。それは、第三次産業革命（日本の高度成長期にあたる）の成功体験を忘れることができず、経営陣が「未来への布石」を打つことができなかったからだ。

未来への布石といえば、一番大切なのは、子どもたちの教育であろう。一〇年後、一五年後の人材育成のために、世界各国が、人工知能・ロボット時代に向けて教育改革を断行している……日本以外の国々は――。

本書では、明治時代から延々と続いてきた「集団による座学」では、人工知能時代に必要とされる技能を習得できなくなってしまったこと、そして、それに代わるべき「探究型のアクティブラーニング」が必須であることを力説する。

不確定な未来を生き抜くために、一番大切な技能は、実は、子どもたちが、どんな変化にもめげずに、「自ら学び続ける姿勢」だ。

座学の授業しか知らない先生たちは、新時代の教授法に完全に乗り遅れている。そのため、既存の学校ではなく、ホームスクール、フリースクール、インターナショナルスクールなどの「もう一つの学校」へと子どもを避難させる親が増えている。

私は科学史・科学哲学と物理学が専門で、プログラマーとして一〇年ほど生計を立てていた経験がある。大局的な歴史のうねりを分析すると同時に、働く一個人としても、第四次産業革命の圧力をひしひしと感じている。

だから私は、七歳になる一人娘が、激変する未来社会で生き残れるよう、「もう一つの学校」を立ち上げた。親友であり盟友でもある茂木《もぎ》健一郎《けんいちろう》には、学校の理事を引き受けてもらった。実をいえば、この本の元となった対談も、学校主催のトークイベントであった。

われわれは、オワコン（終わったコンテンツ）となりつつある日本の古い教育を一刀両断のもとに斬り捨て、世界と伍《ご》して戦うために必要な、今あるべき日本の教育について大胆な提言をする。

時代は急速に動いている。文字どおり、待ったなしの状況だ。読者も、冗長なまえがきを読む暇などないはず。早速、未来の教育対談から、みなさんにとって有益な情報を拾い上げ、いますぐ、お子さんの教育に役立てていただきたい。

二〇一七年一〇月

YES International School　竹内《たけうち》　薫《かおる》

目次

第1章

なぜ「トライリンガル教育」が必要か

第2章 日本の教育はオワコンだ

第3章 英語とプログラミング、どう身につける？

第4章

頭の良さとは何か——ほんとうの知性と教養

第5章

新しい時代をつくる創造性と多様性を身につける

装丁　小口翔平＋上坊菜々子（tobufune）

第1章

なぜ「トライリンガル教育」が必要か

二〇一六年四月、神奈川県横浜市に日本語、英語、プログラミング言語の「トライリンガル教育」を行うフリースクール「YES International School」が誕生した。小学校レベルの初等教育を行う民間の学校で、創設者であり学校長を務めるのはサイエンス作家の竹内薫さん。なぜいまトライリンガル教育なのか。なぜ自ら学校をつくらなければならなかったのか——。東大物理学科の同級生で三〇年以上にわたり親交のある脳科学者の茂木健一郎さんとともに、日本の教育の現状と課題について徹底的に語り合ってもらった。

トライリンガル教育とは何か

茂木　そもそも何で学校をつくろうと思ったんですか。

竹内　娘が五歳のとき、英語の保育園に通っていました。二年後には小学生になる。さて、小学校はどうしようかと考えたとき、通わせたい学校がなかったのです。いまの小学校は先生によって授業のレベルが大きく異なるし、多くの小学校の場合、英語を学んでも話せるようにならない。

それから、算数の授業などは生徒の考え方より正しい答えを書けるかどうかが重視される。近い将来、必須の教養になることが確実なプログラミングについても教えられる先生がどれだけいるか疑問でした。いじめの問題も心配だった。同じような不安を持つ親御さんが周りにもいて、それなら自分でつくってしまえと思って創設したのが「YES International School」だったわけです。

茂木　要するに親として見たとき、娘さんのために望むような教育環境は、いまの日本ではなかったということですね。そこには日本の教育が抱える宿痾《しゅくあ》とも言うべき問題があるわけで、今日はそれについてじっくり考えていきたいと思います。

まずは竹内のつくった学校のことから始めたいんですけど、「YES International School」はトライリンガル教育をうたっていますね。二言語話者がバイリンガルで、トライリンガルというと三言語話者になりますけど、具体的には何を教えているんですか。

竹内　国語と英語とプログラミング言語。これを三つの言語と位置づけて教えています。その三言語を象徴する意味で、学校のロゴには「ペンローズの三角形」をあしらっています。ペンローズさんはもちろん知っていますよね。

茂木　ロジャー・ペンローズ。イギリスの数理物理学者ですね。ほんとうの天才と言われている人で、スティーヴン・ホーキングさんと一緒に一般相対性理論における時空に特異点があることを証明するなど、いろいろな学問的業績のあるすごい学者さんです。

三次元空間では不可能な図形を不可能図形（impossible figure）と言いますが、この人は「ペンローズの三角形」という不可能図形を考えたことでも知られています。その三角形を学校のロゴに使ってるんですね。それにしてもなぜその三言語なんですか。

竹内　日本人にとって「考える言語」は母語である日本語です。だから、まず国語をちゃんとやる。思考するための基本ツールとして国語を第一に考えています。

次に英語ですが、今後グローバル化がさらに進むのは確実です。英語でコミュニケーションしている人は世界で約一七億五〇〇〇万人いるとされます。世界中の人びとと交流したりビジネスをしたりするのに世界語である英語は必須です。

ペンローズの三角形

これからはネットを介して不特定多数の人に参加を募《つの》るクラウドソーシングが主流になるはずで、そうなれば世界中から仕事が舞い込むし、世界中どこにいても仕事はある、という時代になります。英語ができれば、それだけでマーケットが広がるわけです。思考する言語は日本語でもコミュニケーションは英語というのがますます一般的になるはずです。だから英語もしっかり教える。

それから三つ目のプログラミング言語。これについてはまず「二〇四五年問題」を押さえておく必要があります。

なぜプログラミング言語なのか

茂木　いまの小中学生が大人になってバリバリ働く二〇四五年頃には、コンピュータが人間の知能を超えてしまう「シンギュラリティ」（Singularity 技術的特異点）が起きて、人工知能（AI：Artificial Intelligence）が人に代わって仕事をするようになる。その結果、多くの人が職を失う、と予測されているのが二〇四五年問題ですね。コンピュータチップの性能が一八カ月（一年半）ごとに二倍になるという「ムーアの法則」に基《もと》づいた予測です。

竹内　コンピュータの世界では一〇年前のスーパーコンピュータの性能を持つパソコンをいまでは当たり前のように使っています。日本が世界に誇るスーパーコンピュータ「京《けい》」（理化学研究所）もあと一〇年もしたらパソコンに収まる大きさになる。実際、「京」を開発している人がそう言ってました。

茂木　誰もが「マイ京」を使える時代がやってくるということですね。コンピュータの性能アップはすさまじいスピードで進んでいる。当然ＡＩの進化もそうなります。

竹内　ＡＩは超高速で情報処理を行うことができます。データの入力作業のような単純作業は、すでに人間はＡＩに勝てません。データを数値化し、それを分析するのも人間より圧倒的に速い。そういう作業は人間がしなくてもいい時代になるのは確実で、実際にもうその動きは始まっている。

一八世紀にイギリスで起きた産業革命で人間は重労働から解放された。その後、第二次産業革命の電力活用による大量生産、第三次産業革命の電子化とコンピュータ化による工場の自動化を経て、ＡＩやロボット技術を軸とする第四次産業革命のうねりが起きているわけです。

いまの子どもたちが大人になる頃、人びとは多くの単純労働から解放されているでしょう。たとえば会計士は消えていくことが確実とされ、アメリカではすでに高性能の会計ソフトが登場し、多くの会計士が失業しています。この流れは今後急速に世界に広がっていくはずで、野村総研のレポートによれば、いまある仕事の半分はＡＩによって代替が可能といいます。

だから、いずれ産業革命のときの「ラッダイト運動」（機械打ち壊し運動）みたいなことが起こるかもしれない。しかしＡＩの脅威に怯《おび》え、コンピュータやロボットを打ち壊したところで、そういう時代が来るのは避けられないでしょう。

茂木　では、人間はＡＩに勝てないのか、淘汰《とうた》されてしまうのか、というと、そんなことはもちろんない。ＡＩは情報を処理するのが得意だけれど、逆に言えば、データがないと適切な判断ができない。その点、人間は過去にデータがなくても、前例がなくても、新しい何かを考え、生み出すことができる。

だからＡＩの発展が人間の職を奪うのではないか、という議論については、ぼくはあまり心配してなくて、むしろ「ブラボー！」と歓迎しているんですね。どれほどＡＩが発展しても人間にしかできない仕事、つまり考えたり、創造したりする領域は必ず残されているはずだから。

竹内　そう、人間にしかできない仕事は必ず残る。たとえば、野球やサッカーの選手、学校の先生、アートディレクターなど人間であることが必要な職種やクリエイティブな能力が必要とされる仕事ですね。それから、急速に研究が進んでいる車の自動運転で言えば、ありとあらゆる事故を想定してプログラムを組むのは人間の仕事でＡＩにはできない。ＡＩは感情がともなう作業も苦手なので、相手の気持ちを考えて、対応し、動けるのも人間だけができることです。

つまり、いまの子どもたちが大人になってＡＩの時代を生きていくには、ＡＩを使いこなしたり、ともに生きるために、ＡＩにはできない考える力や創造する力が必要になるわけです。スポーツ選手のように傑出《けっしゅつ》した身体能力で勝負する人であってもAIを使いこなせるかどうかは、今後大きな差になっていくはずです。

茂木　そこで重要になるのがプログラミング言語というわけですね。

竹内　まさにそうで、江戸時代の寺子屋では読み書きそろばんを習いましたが、このそろばんがコンピュータの演算処理に置き換わっていく。二〇四五年問題で淘汰されない人間になるには、AIのメカニズムを理解し、ともに仕事をするために、AIを動かすプログラミング言語を使いこなせるようにならないといけない。単に公式を丸暗記して正解を求めるだけの数学ではなく、AIを使いこなすために数学を駆使して新たなプログラムを創造する力が必要になるわけです。

茂木　いまの子どもたちが大人になる頃には、プログラミングは常識的な教養という位置づけになっているということですね。プログラミング言語に習熟しているかどうかで、活躍できる場所や機会は大きく変わってくる。

竹内　ただ誤解してほしくないのは、だからといって、誰もがプログラマーになれと言っているわけではもちろんありません。プログラミング言語を理解して、必要なときに使えればいい。要するにAIと友だちになれればいいんです。プログラミング言語は理論であり、論理的な思考ができないと使いこなせないので、これを学ぶことによってロジカル（論理的）でクリティカル（批評的）な考え方が身につく。これも非常に大切なことだと思っています。

プログラミングというと、特にプログラマーの方は、プログラムというのはツールだから別に学ぶ必要はないんだよとおっしゃいます。それは半分正しい。というのは、プログラミングというのは、実は数学です。算数から数学に行って、その数学を使って何かを表現するためのツールとしてプログラミングがある。そういう位置づけなので、この点についても誤解のないようにしていただきたいなと思います。

茂木　実際にはどんな感じで教えてるの？「スクラッチ」（Scratch）とか使ってる？

竹内　スクラッチはＭＩＴ（Massachusetts Institute of Technology マサチューセッツ工科大）が開発した子ども向けのプログラミング言語です。うちの学校でも使っています。子どもたちにはｉＰａｄを一台ずつ与えていて、いまは年長さんと一年生が一緒になって「スクラッチジュニア」というのを使っています。

最初始めたときは、まだひらがなも英語も知らないということで、しゃべれるけれど、読めない、書けないわけです。スクラッチジュニアはそんな文字が入ってこない段階の幼児でも使えるプログラミング言語です。これを子どもたちは一〇カ月ほどで使いこなしてしまった。もうやることがなくなったので、次はほんとうのプログラミング言語のほうに入っていこうと思っています。

茂木　プログラミング言語は何を？

竹内　プログラミングの概念がわかればいいので、何でもいいと思っています。重要なのはやっぱり算数、数学です。

茂木　授業は日本語でやってるんですか。

竹内　いや、英語でやっています。プログラミング言語は基本的に英語。ｉＰａｄのキャラクターを動かすためのコマンド（命令）も、left、right、shrink、pop のように英語を使う。英語の勉強にもなるし、英語がわかれば、プログラミングも有利になります。

ＡＩ時代に日本語を大切にする意味

茂木　ＡＩとそれにまつわる話は、このあとも折に触れてたっぷり語り合うとして、先ほどトライリンガル教育ではまず第一に国語をきちんと教える、と言ってましたよね。あれはとてもいいと思うんですよ。

竹内　校名に「インターナショナルスクール」とあるけれど、英語が先には来ない。数学やプログラミングも先には来ない。考えるのは母語である日本語なので、やっぱり日本語ができないと困る。だから柱はあくまで国語。ほかのインターナショナルスクールとはそこがちょっと違うところです。

茂木　素晴らしいと思う。というのは、ぼくはずっと日本の教育については英語をもっと使えるようになりましょう、それにはいまの英語教育はいろいろ課題がありますよ、ということを主張し続けてきたのだけれど、最近はちょっと思うところがあるんです。

実はおもしろい議論がありまして、イギリスのタイムズが発行している『ザ・タイムズ・ハイアー・エデュケーション』(The Times Higher Education) の『世界大学ランキング』を見ると、上位一〇大学は、スイスのチューリッヒ工科大学を除いてイギリスとアメリカの大学だけで占められている。それだけ見ると、ハーバードとかエールとかやはり英語が重要だと思うじゃないですか。ところが、『ザ・タイムズ・ハイアー・エデュケーション』の世界のトップ八〇〇大学を見ると、世界中、至るところに散らばっている。

竹内　アフリカもあればアジアもある。

茂木　そうそう。ぼくはこちらのほうが世界の将来を表していると思うわけ。つまりグローバル化のなかでセンター・オブ・エクセレンス（Center of Excellence）、知の集積地がシンガポール、香港はもちろんとして世界のいろいろなところに広がっている。

竹内　二〇一六年二月、グーグルが翻訳サービス「Google Translate」で新たに一三言語をサポートすると発表したでしょう。これで対応言語は合計一〇三言語になって、オンライン人口の九九％をカバーすると言ってますね。こうなると英語だけをやっていればいいという時代は終わり、多言語主義の時代になるような気がするんです。

数十年先の未来においても英語は世界の共通言語であり続けるだろうけど、ＡＩの翻訳ロボットが実用化されたら、英語をはじめとする外国語は必須の素養ではなくなるかもしれない。もちろんそれは、英語を学ぶ必要がないということとは違うけれど。

茂木　そうなるとむしろ日本語が使えるということが、これから世界で活躍する子どもたちにとっての強みになるのではないか。日本にはアニメとかマンガとかグローバルに強いコンテンツもある。日本語ができることの強みは絶対にある。だって一億二〇〇〇万人がしゃべっているわけですから、世界の言語のなかで、実は日本語はかなりいいポジションなんです。だからよくある国際化教育のなかで、英語だけやっていればよくて、日本語はやらなくていいというのは大間違いで、そこは竹内の考え方に全面的に賛成です。

竹内　先ほども言いましたけど、いま英語を話す人口は世界で一七億五〇〇〇万人程度と言われています。世界の人口の四分の一くらいです。でも、そのうち英語を母語としているのは二割ほどで、残りの約八割は英語以外を母語としている人たちです。いま現在、世界の英語人口は非常に多いけれど、その八割は外国語として英語を話しているんです。

　だから日本人もそういうところに入っていけばいいわけで、英語を第一言語にする必要はまったくなくて、日本語が第一言語でいいんです。そこがインターナショナルスクールで英語だけやるというのとは違うかなと思っています。

クリエイティブライティングの効果

茂木　日本語を大事にするという意味では具体的にはどんなことをしてるんですか。

竹内　ストーリーを書かせること。これはよくやりますね。

茂木　「クリエイティブライティング」(creative writing)ですね。小説、脚本、詩のように創造力が必要な文章を書くことで、事実を正確に書くのは「テクニカルライティング」(technical writing)。ストーリーを書かせるクリエイティブライティングは創造力を養うのにうってつけの方法の一つです。

竹内　たとえば遠足などに行ったら、そのあとに書くんですけど、内容は子どもによって全然違う。そこに絵を描いてもらったりすると、もう歴然と個性の違いが出てくる。ただ、何か書いてもらったときに、あれっと思うことがあって、それは何かというと定型的なものを書いてくる子どもってやっぱりいるんです。模範解答になってしまっている。

茂木　それは家で指導されているんだろうか。模範解答みたいなものを書かないと点数がもらえないよって。

竹内　でしょうね。お父さんやお母さんに手伝ってもらっているんだろうな、というのがわかったりする。でも、私たちは模範解答ではなくて、その子の思いや考えを書いてほしいんです。でも模範解答に染まっちゃうとなかなか書けない。

実際、親御さんから、模範解答がないといって、子どもが家に帰って来て泣いたという話を聞いたことがあります。そういう子どもは間違いが怖いんです。でもやがてくるＡＩ時代は、間違いを恐れて正解だけを求める人は生きていくのが大変になる。だから、そういう模範解答を書く子どもには、そうじゃないよ、自分で考えていいんだよ、ということを言ってあげないといけない。そして、模範解答の枷《かせ》から外してあげる。すると、けっこう自分で楽しく書き始めるようになって、ものすごい発想が出てきたりするわけです。

たとえばあるとき、子どもたちと話していて、地球は丸いのに、なんでみんなは地面にくっついているんだろう、なんで落っこちないんだろう、みたいな話になったんですね。それで、だったら、みんなで考えてみよう、ということで仮説を書かせたんです。

茂木　おもしろいですね。どうなったの？

竹内　とんでもない仮説が出てくる。足のほうに塩がたまって、それが地球とくっつけているとか。

茂木　それはまた独創的だね。

竹内　でも、それでいいんですよ。その仮説は、我々が聞いて、「ええっ!?」と思うじゃないですか。そうか、塩でベタベタだからくっつくのか。その子は海かどこかで、そういう体験をしたことがあるんだなとわかるじゃないですか。だから自らの体験プラス自由な発想というのはとても大切だと思うんですよね。

茂木　そこから先は、ちゃんとした知見を持つ先生が、いろいろなことを教えつつ導いてあげればいいわけだからね。

竹内　そう。あと日本語では百人一首のカルタ取りをやっています。百人一首は、実は年長さんでもできる。自分がこれだけは覚えているというお気に入りのやつがあるんです。それだけをジーッと待っていて、出たら必ず取る。そうすると三年生はたくさん取るかもしれないけれど、その年長の子も自分のお気に入りの札が取れれば満足するわけです。そのうち映像的な話をちょっと説明してあげると、「どうして昔の人はこんなに髪の毛が長いの?」とか「みんな着物を着ているね」とかいろいろな話が出てくる。そこからまた知的な興味が広がるわけです。

茂木　大事なことは、たんに日本語の意味を知っているとか漢字を書けることではなく、物事の因果関係や相関関係まできちんと自分の言葉で考え、表現できるかどうか。

竹内　日本語を論理的に使えるようにならないと、物事を論理的に考えることができません。考える力を支えるところまで母語である日本語を深く学習してほしい、そう思ってやっています。

受験英語もTOEICも廃止せよ！

茂木　英語についても、いまの日本語の話のようにいろいろな入り方があっていいと思う。

竹内　私たちの場合、英語の授業は英語だけ教えるわけではなくて、教材はオリジナルのテキストのほかに動画を見たりさまざま。「コモドドラゴン」（コモドオオトカゲ）をテーマに英語で授業をしたりもします。

茂木　コモドドラゴン！　インドネシアにいる体長二〜三m、体重約七〇kgもあるオオトカゲですね。おもしろいなあ。すごく楽しそう。

竹内　先生がコモドドラゴンの絵や写真や動画などの資料を示して、「指は何本あるか

茂木　な？」「噛《か》む力は人間の何倍ある？」などと英語で質問し、子どもたちが英語で答えていきます。そうやって毎日、絵や写真や動画などを見ながら、たくさん聞いて、話すうちに、自然と英語が身についていく。

いままでだと、英語を学んでも、たとえば大学入試の英語、ＴＯＥＩＣ、ＴＯＥＦＬ、英検のような検定試験の英語という出口しかなかったじゃないですか。でもこれからは、たとえばドラマ・エデュケーション（演劇の手法を取り入れた体験学習）で、英語で演劇をやるということも教育のなかにあっていいと思うんです。そこからひょっとしたらハリウッドで活躍する役者が出てくるかもしれない。たとえば、映画監督のマーティン・スコセッシが遠藤周作《えんどうしゅうさく》の『沈黙』を映画化するにあたって、やっぱり英語がしゃべれる日本人の俳優を求めるわけです。

竹内　そういう需要は必ずある。

茂木　それから、これはぼくの夢ですが、世界的なプレゼンテーションのイベントで知られる「ＴＥＤ」（テッド／Technology Entertainment Design）に日本の高校生なども出てきてほしい。数年前にＴＥＤで、アメリカのメリーランドに住む一五歳の高校生が、すい臓がんを初期段階で発見する検査法をカーボンナノチューブを使って開発したというトークをして話題になったけど、そのとき彼はすでに論文を何百本も読んでいたんです。
　いまは「グーグル・スカラー」を使えば誰でも簡単に学術論文などにアクセスできる。日本でも小学校五、六年から英語の論文を読む人が出てきても当然いい。その先にＴＥＤみたいなことがあるんだと思う。これからはいままでの日本の英語教育ではありえなかったようないろいろな出口が出てくるはずで、その意味ではすごく楽しい時代になるんじゃないかな。

竹内　そうですね。ただ残念なことに文科省がやろうとしている大学新テストでは英語の試験を英検やＴＯＥＩＣ、ＴＯＥＦＬなどの民間検定試験を活用する方向で話が進んでいます。これだと結局、出口のところはいままでと変わりませんよね。

茂木　ぼくはそもそも試験の英語は廃止派なんです。ぼくはもともとＴＯＥＩＣ撲滅《ぼくめつ》主義者で、ＴＯＥＩＣほど世の中に無駄なものはないと思っている。将来的には人工知能で一分しゃべらせて、一分ライティングさせて、一分リーディングさせて、それについての質問をいくつか人工知能がしてくれたら、だいたいその人の英語力が推定できる時代になるでしょう。要らないですよ、受験のための英語なんて。

竹内　それよりコモドドラゴンで小さいときから英語を学んだほうがよっぽどいい。

ダニング・クルーガー効果

茂木　「ダニング・クルーガー効果」というのがあります。
竹内　能力の低い者ほど自分の能力を過大評価してしまう認知バイアス。
茂木　そう。一九九九年にコーネル大学のデイヴィッド・ダニングとジャスティン・クルーガーが論文で発表したものですが、ぼくは日本でいわゆる英語ができると言っている人たちとしゃべっていると、全員がダニング・クルーガー効果のような気がするんです。というのも、大学入試で必要な英語のボキャブラリーはせいぜい六〇〇〇ワードでしょう。ネイティブのボキャブラリーは二万五〇〇〇から三万五〇〇〇ですよ。
　最近アメリカでは、トランプ大統領に対抗するためにコメディアンの人たちが頑張っているんですね。ぼくは、その姿を毎週のようにニューヨークのテレビ番組で見て楽しんでるんですけど、そのコメディ番組の英語を理解するには、正直、大学入試レベルでは全然足りないんです。

ということは、大学入試で東大に受かったとか、英検で一級を取ったとか、TOEICで九九〇点取ったとかというレベルで、自分は英語ができると思っている人は、はっきり言ってダニング・クルーガー効果の論文で記述されている成績下位者そのものだと思うんです。ここが日本の英語教育の痛いところなんだ。

竹内　ものすごく痛いところなのです。

茂木　だからもう入試の英語は要らないと。

竹内　だってテストをつくるとどういう効果があるかと言うと、どうしたってこのテストをクリアすればいいんでしょうみたいになってしまうじゃないですか。

竹内　ぼくらの学校ではいま「英検Jr.」（旧「児童英検」）は受けてもらっているんです。それは子どもたちが何となく達成感を求めてというか、ワイワイとやっているうちに受けちゃったから。

茂木　まあ、それはいいんじゃないですか。

竹内　英検などはそれ自体が目的化するのはまずいんですよ。受験もそう。それが自己目的化するともうだめなので、そこは注意が必要ですよね。

茂木　ぼくは、ダニング・クルーガー効果に陥《おちい》らないために、やっぱり明確な基準が必要だということには同意するんです。たとえばバイリンガル教育をやっている

竹内　関西国際学園の人によると、一八歳でハーバードやエールなどのアイビーリーグに入るには、小学校六年生の段階でだいたい英検一級くらいの英語力がないと難しいと言うんです。それが一つの目安、基準になっている。

米アイビーリーグなどの場合は、そうした英語力に加えて、勉強以外の活動も重要視されます。だからたとえばアイビーリーグで物理学を勉強したいなら、音楽活動などをやると入りやすいというのがある。そこで地域の交響楽団に行って、子どもの頃からずっとピアノをやっていますなどと言って、推薦状を書いてもらったりする。アメリカの大学は多様な活動をしてきた学生を迎え入れる傾向があって、受験一本槍ではだめなのです。

アメリカで経験したサイレント・ピリオド

茂木　いずれにしろリアルワールドの生きた英語はＴＯＥＩＣみたいなものではなくて、もっともっとすさまじいわけですよね。その辺のリアルワールドの話をちょっと話してもらおうかな。竹内が子どものときにニューヨークへ行ったときの話。

竹内　ぼくは小学校三年のときに父親の転勤でいきなりニューヨークに連れて行かれたんです。当時はまだ日本人学校がニューヨークにはなかった。それで現地の小学校にいきなりポーンと入ったんです。ＡＢＣもまったく知らなかった。

茂木　ＡＢＣも知らないで現地校に行ったの？　それはすごいね。

竹内　そうそう。ある日突然、日本語一〇〇％の生活から英語一〇〇％の生活になったわけです。とにかく言葉が通じないから最初は何もできないんですよ。学校に行っても友だちとあいさつもできない。カフェテリアでお昼をとるときもサラダ一つ選べない。バスにも乗れない。一カ月ほど経ったときだったかな、「ＴＨＥ」というのがあったから「トゥヘ」と発音したんですよ。そうしたらクラス中でみんなが爆笑しているわけです。「何だよ、トゥヘって」という感じで。

茂木　公立でしょう？

竹内　公立の学校。

茂木　英語の話せない子どもには何か特別な配慮があったの？

竹内　あったと言えばあった。まったく英語ができない子どものための補習授業みたいなものが週に何回かあって、それには外部から先生が来て、ちょっと教えてくれました。でもそれはあっという間に終わった気がする。せいぜい一カ月くらいじゃなかったかな。だから半年くらいはほとんどしゃべれなかったですね。

ただし、半年間まったく英語が理解できなかったというとそうではなくて、少しずつ英語力を蓄積していたんだと思う。まさに「サイレント・ピリオド」で、ひたすら英語を聞いて、インプットしていたら、半年くらいしたあるとき突然、会話ができるようになったんです。

茂木　サイレント・ピリオドというのは、外国語を学び始めるときに言葉をインプットするために必要な「沈黙の時間」と言われるものですね。その間は表面上、何の進歩もないように見えるけれど、それでもその外国語の環境に身を置いておくと、やがてある時期が来ると、突然顕著《けんちょ》な進歩を見せるようになる。竹内の場合は半年くらいかかったんだね、サイレント・ピリオドが終わるのに。

竹内　そんな感じでしたね。

茂木　そこから先はどうやってキャッチアップしたんですか。

竹内　別に特に何も。普通に学校に行ってしゃべっているうちにいつの間にか英語が話せるようになったんですよね。結局、毎日学校に行って、みんなと一緒に英語をしゃべっていれば、誰だって英語は話せるようになるんですよ。

海外経験で知る多様性の重要さ

茂木　ニューヨークには何年いたんでしたっけ？

竹内　小学校の五年生まで。一九六九年から七一年までかな。といっても実質一年半で、また日本に帰ってきたんですよ。それで小学校、中学校と普通の公立に通いました。

茂木　中学になると日本でも英語がありますよね。授業はどうでした？

竹内　中学に入ったら、学校の英語の先生がぼくを指名して、教科書を読めというわけ。

茂木　模範演技。

竹内　そういう感じでしたね。

茂木　よく言われることだけど、アメリカのネイティブの英語を身につけてきた人が、日本の英語教育の人工的ないろいろなことに戸惑うという経験は、あまりしていない？

竹内　先生は英語ができないんだなというのは、そのときわかった。

茂木　そこなんですよね。そういうときはどうするんですか。知らないふりをするの？

竹内　それはもう知らないふり。

茂木　ああ、そうなんだ。

竹内　あとは、たとえば小学校で帰ってきたときは、みんなが半ズボンをはいているわけですよ。ニューヨークにいたときは、当時流行《はや》っていたベルボトム（bell-bottomsラッパズボン）をはいていたから、それで学校に行ったんです。そうしたら何が起きたと思います？

茂木　えっ、何かあったの？

竹内　「アメリカ野郎」とか言われて大変だったんです。何か変なやつが来たみたいな話になって。ただ、そういった意味でも海外に行くと、違う文化を経験してくるんですよ。アメリカは多様な文化のバックグラウンドがあるので、それを経験できたのは人生にすごく役に立ったかなと思います。

茂木　一方で、日本人がアメリカに行くとエイジアン（アジア人）扱いされるじゃない。日本にいながらアメリカナイズされて、アメリカ人の視点で日本を見下すような痛い人がいるけど、その手の人は一度アメリカに行って、そういう経験をしてみるといいんじゃないかと思う。

竹内　一種のカルチャーショックみたいなものがあって、それを乗り越えていくと多様性の重要さといったことがわかってくるわけです。残念ながら、トランプさんはあまりそういう経験がなかったみたいですけど。

茂木　でもトランプさんは、奥さんに関しては多様性に寛容というか、いろいろな国の移民の方をもらっているみたいですね。いまの奥さんのメラニーさんはトランプさんのナンバースリーと言われているそうです。

竹内　うん？

茂木　たんに三番目の奥さんなのでナンバースリー。政治手腕は関係なし。これは最新のアメリカのコメディ番組から拾ってきたネタです。

竹内　ああ、そういうことね。

できる子はどんどん先へ進むアメリカの教育

茂木　最近、〇～五歳とか、特に小さいときの教育にすごく関心があるのだけれど、ニューヨークの小学校はどんな感じだったんですか。先生がレクチャーするタイプのクラスだったの？　それとも何かプロジェクトをやる感じ？

竹内　授業によってはレクチャーと議論みたいなものがあった。

茂木　議論？

竹内　議論というのは、何かテーマが与えられて、生徒が調べてきて、それを発表する。それに対してみんなで意見を言うという感じですね。

茂木　日本ではそれがまずない。すでにその時点で日本と違うんですよ。先生は、それに対する正解は言うんですか。

竹内　いや、それはない。そもそも正解があるようなテーマじゃないから。たとえばおぼえているのは、いま日本で起きていることを発表してくださいというのがあって、ちょうど大阪万博（一九七〇年）が開催中だったので、それについて発表したことがあります。

日本の科学技術がどうのこうのとか、開催地の大阪はこういう場所にあって、東京とは違うんだよとか、そんな話をして、それに対してみんなが質問してくるわけです。大阪なんて聞いたことがないとか、日本の地理はどうなっているんだとか、いろいろな疑問が出ます。それにぼくが、大阪は日本で二番目に大きい都市で、そこで話しているのは大阪弁と言って、ぼくのいた東京の人が話す言葉とはちょっと違うとか答えるわけです。

茂木　それは何の授業なんだろう。

竹内　社会科だったと思うけど、違うかもしれない。あともう一つよくおぼえているのは、算数の時間になると、ドリル、練習問題みたいなものが置いてある棚があって、各自そこに行って、好きなのを引っ張り出してきて、問題を解くんです。

茂木　へえ、自分で好きなのを出してくるんだ。

竹内　もちろんやったら先生に一応チェックしてもらったりするんだけれど、自分はいまこれをやっている、ここまで来たから次はこれをやるみたいな感じで、たくさん問題を解く時間があった。それは算数の時間。

茂木　先ほどサイレント・ピリオドがあって、英語が突然できるようになったと言いましたよね。竹内の場合、数学はかなりできたと思うんだけれど、そのときにいわゆる飛び級というか、カリキュラム上、竹内君は先に行っていいよ、みたいな配慮はあったの？

竹内　それがその算数の授業で、先に行ける人は勝手にどんどん先のことをそこで勉強するわけです。

茂木　勝手に？

竹内　そう、ワークシートみたいなのがあって、ある程度先生が用意してくれているん

茂木　だと思うけれど、それをやって、じゃあ次、次と、どんどん先に進んでいく。できない子は先生がつきっきりで教えていたりとか、そういう感じでした。だからできる子はどんどん先へ進んでいく。
そこはやっぱり違うんだ。日本ではいま習熟度別とか言っているけれど、アメリカは一九六九年から七二年の時点ですでにそれぞれが勝手にやっていたわけです。彼我《ひが》の差はかくも大きい。おそらくいまのアメリカのベストプラクティス(best practice 最良の方法)はもっと違っていると思う。

幼児教育の可能性と重要性

竹内　先ほど幼時教育に関心があると言ったけど、どうして?
茂木　〇～五歳の子どもって、日本の教育のなかで一番自由が利《き》くんですよ。
竹内　幼児教育は、小学校などの義務教育機関とは違って、文科省の幼稚園教育要領はあるけれど、教育方法は各園の理念に基づいて行われるから自由度が高いよね。
茂木　そう。この前聞いたら、中国はいま毎年一二〇〇万人も新生児が生まれているんだってね、一人っ子政策が終わって。日本は一〇〇万人くらいだけど、〇～五歳児の教育をどうカリキュラムを組むか、マーケットとしてもすごく重要だと思うんですよ。

イタリアにレッジョ・エミリアという先端的な幼児教育をやっている都市があります。日本の場合、言葉の時間、何とかの時間とカリキュラムが決まっているのが普通だけど、レッジョ・エミリアは子どもたちがずっと勝手にいろいろなプロジェクトをやって、それがすごい成果を上げている。たとえば、絵の展覧会を開こう、じゃあ、作品はどうやってつくろうか、一人でつくる？　それともみんなでつくる？　テーマは？　そういうのを子どもたちが話し合いながらやっていくんです。

竹内　そうやって子どもたち一人ひとりの個性を大事にしながら、考える力や表現力、コミュニケーション能力などを養っていく。

茂木　〇～五歳児にどういうカリキュラムをやったらいいのか、実はいまの技術を踏まえたうえでの研究はまだあまりなされていないので、可能性はすごくあって、とてもおもしろい分野なんですよね。

竹内　たとえばぼくらの学校の場合、入るまでにまったく英語をやっていない子どももいるわけです。そういう子どもが入ってきたらどうするかと言うと、先に学んでいる子どもが教えるんです。
たとえばぼくの娘は英語の保育園に二年、そのあとうちの学校でやっているから三年くらい英語の環境でやっているんですね。そうするとうちの娘が教え出すんですよ。もちろん先生がいてやっているんだけれど、そのなかでさらに教える構造というのがあって、よくできる子が、あまりできない子から質問を受けたときに教えるようになる。すると両方とも満足感があるみたいなんです。教えられるほうはわかるようになるし、教えるほうも先生の真似《まね》ごとをしているみたいでおもしろいんでしょうね。

茂木　だから幼児教育におけるP2P（person-to-person）の個人対個人の教え合いというのは、おそらくこれから技術的に重要になっていくんだと思うんです。

竹内　それはものすごく感じている。

茂木　それと幼児教育というか、小さいうちの教育の大切さについて、改めて実感することがあったので、ちょっと紹介しますね。今日ぼくはある大学の授業が午前中にあって、授業の流れのなかで無茶ぶりで学生に英語をしゃべらせたんです。じゃあ、誰に話してもらおうかなというときに、一人だけ全然目をそらさない学生がいたから当てたら、やっぱり英語がうまくて、五歳から八歳までアメリカにいたというんですね。彼女の話したことがすごくおもしろい。日本人と違って、いきなり自己主張できるというか、日本人だと「ええ〜どうしよう」とかなるけれど、彼女は「私はクラシックバレエをやってました」といきなり一秒目から一番重要な情報をパーッと言えるんです。

ところが彼女は、九歳でアメリカから帰って来てからはずっと日本の教育を受けていた。日本の教育のなかで、いまみたいに英語を自分でしゃべるような時間はあったかというと、一秒もないと言うんです。英語の授業はどうだったか聞いたら、みんなでテキストを読むようなものだったんだけれど、一人だけネイティブの発音だと目立つからわざと日本人的な発音でやっていたと言うんですね。

竹内　すごくわかるな、その気持ち。

茂木　だからそれは二重の意味でおもしろくて、まず一つは、日本の教育はクズだということ。もう一つは、彼女は九歳からずっと日本の教育を受けていたのにアメリカで学んだ何かが残っているということ。それは何か聞かれたときにサッとためらわずに自己主張できる態度とかそういうことですよね。もちろん生得的なものもあるだろうけれど、アメリカにいたとき何かをつかんだのだと思う。

竹内　躊躇《ちゅうちょ》することなく自分を表現できる。その術《すべ》を身につけたんですよ。

茂木　竹内もそういうところがあるよね。普通小学校で帰ってきてしまったら忘れてしまうみたいに思うかもしれないけれど、実際はそうじゃない。小さい頃にいい教育を受けると、それがちゃんと身について、その後の人生に大きな影響を与えるのではないか。

竹内　それにはやっぱり「アクティブ・ラーニング」（Active learning）をしっかりやるということでしょう。子どもたちが主体的・能動的（アクティブ）に学修（アクティブ・ラーニングでは学修という訳語が用いられる）に参加できるようにして、どんどん自分で課題を見つけ、調べて考え、図画工作などの成果物にしたり、さまざまな形で発表できるような授業をやっていけば、自然と自己主張、自己表現できるようになるのかなという気はしますね。アクティブ・ラーニングについては、あとで改めてたっぷり話したいと思います。

「学校」をつくるのはやめておけ――文科省職員のアドバイス

茂木　それはそうと、学校をつくるのは大変だったでしょう。

竹内　その話にいきますか。だったら、ここで「一条校」の話をしようかな。一条校というのは、簡単に言えば、文科省が認可した学校ということです。学校教育法の第一条に定められている学校ということでそう呼ばれています。実は同級生が一人文科省にいまして、この間、飲んだんです。そのとき、ぼくはいまフリースクールをやっているんだけれど、一条校の申請を検討中だと言ったら、やめておけと言うんです。えっと思って、理由を聞くと、一条校はもうシステム的に限界が来ていると言うんです。

茂木　どういうこと？

竹内　一条校には実はいろいろな基準があって、たとえば学校の面積はこれぐらいであるとか、学校の先生は一クラスに一人、プラスその先生が病気で休んだときの代行の先生とか、養護の先生、教頭先生、校長先生とか、全部細かく決まっているんです。教室の面積などもすべて決まっている。それらの条件を満たした学校をいまつくろうとすると、要するに一〇億円用意してください、そうしたら一条校に認可してあげます、と言っているのと同じ。そういう世界なんです。

茂木　一〇億円！　それは無理だなあ。

竹内　ところがそれだけではない。お金が用意できたとしても、今度は認可の前に私学審議会というのがある。地域の私学の経営者たちの集まりです。そこで審議されるものだから、結局難癖をつけて通さない。それだとまずいということで、内閣府がそこに風穴を開けようとして規制緩和をやっている。それで株式会社立でも、要件を緩和して、一〇億円ではなくて、五〇〇〇万円くらいあれば誰でもつくれるような仕組みをつくったんです。

茂木　ところが去年、ウィッツ青山というところが補助金をだまし取った事件があったでしょう。あの学校、実は株式会社立の通信制の高校だったんですよ。やっぱり株式会社立はだめなんですねということで、文科省が規制緩和はまずいと、いままた規制を強くしようとしている。ごちゃごちゃなんです。

竹内　つまり文科省職員が言った一条校はやめておけという意味は、文科省の規制のなかでは竹内のやりたいような学校は無理ということなんだね。

茂木　そういうこと。じゃあどうすればいいんだよと彼に聞いたら、それは「国際バカロレア」(International Baccalaureate) でいいんじゃないかというわけ。

国際バカロレアというのは、国際バカロレア機構（ＩＢＯ）によって提供される世界共通の大学入試資格とそれにつながる小・中・高校生の教育プログラムのことですね。ＩＢＯに許可・登録された学校で、所定の課程を履修してディプロマ（認定証書）を取得すれば、世界中の多くの大学で入学資格や受験資格として認められる。文科省の同級生は、その国際バカロレアの認定校になればいいんじゃないかと。

竹内　そう。一条校を目指すより、国際バカロレアなどの国際的な基準でやったほうがいいと。いまの文科省の規制のなかでは国際的な基準は満たせない。英語の教育もできないし、今度プログラミングの教育も導入しようとしているけれど、たぶんうまくいかない。

茂木　二〇二〇年から小学校にプログラミング教育を導入すると言ってますよね。

竹内　英語の必修化のときと同じで、そもそも教えられる先生がいないし、教えられる先生がすぐに育つとも思えない。だからこそ自分で学校をつくったわけだけど、とにかくそんな日本の教育システムのなかで頑張るより、国際バカロレアなどの国際基準のシステムでやったほうがいいんじゃないのと、そんなアドバイスをもらったわけです。

茂木　何かいま日本の公教育はすごい閉塞状況というか、曲がり角にきてますよね。

竹内　だからうちみたいな学校も出てくるし、先ほど話に出た関西国際学園などもそうですよね。あそこは国際バカロレアの認定校です。そういった既存の日本の公教育とは違うオルタナティブ（代替）な教育がいま出てきているというのは、まさに日本の公教育が抱えている閉塞状況というのが背景にあるわけです。政治的なことも含めて。

教育「情報」格差社会

茂木　堀《ほり》江《え》貴文《たかふみ》は、よく大学になんか行かなくていいと言うけれど、彼は東大に八年いたんですよね。八年間たっぷり在学して中退した。それはともかく、堀江みたいにすごい才能がある人だったら、正直大学も学校も行く必要がない。ただ、やっぱり多くの子どもにとって学校に行くことはある種の保険になるのだと思う。だから親御さんも、たとえば日本のいわゆる有名大学に子どもを送っておくと、それなりに歩《ぶ》留《ど》まりがいいだろうということを期待してやっているんだと思います。

竹内　ただ、それにはいくつか問題があって、まず多様性という意味において、そこから外れる子どもが必ず出てくる。

茂木　そういうときに、たとえば学校に通学せず、家庭に拠点を置いて学習を行う「ホームスクーリング」という考え方がありますよね。ホームスクーリングで学ぶ十何%の子どもは一部学校に行っていますが、残りの八十何%は一切学校に行っていない。アメリカだと二〇〇万人くらいがやっているし、イギリスでも利用者が多い。

二〇一六年末、アルマ・ドイチャーというイギリスの一一歳の少女が作曲したオペラがウィーンで初演されたんですけど、この天才少女作曲家もホームスクーリングです。彼女はモーツァルトの再来とも言われていて、お父さんが有名大学の先生で、学校に行かずに家で勉強している。そういうことがアメリカやイギリスでは当たり前なんだけれど、日本だと、いまは多少変わっているにしても、それでもやっぱり学校に行かないという選択は非常に難しい。親御さんはもちろん、子どももすごいプレッシャーを感じてしまう。

でも、日本のいわゆる偏差値の高い中学、高校から偏差値の高い大学へという教育は、まずそれ自体がとても狭いし、そもそも教育内容が時代にマッチしていない。そこから外れてしまう子どももいる。その意味で、日本ではいままさに教育ビッグバンというか、教育の多様性が求められている時代になっているんじゃないかと思うんです。

竹内　保護者の方も、昔だったらどこの中学は偏差値いくつで、それをクリアするには

茂木　どこの学習塾や予備校へ通えばいいのか、そういう情報だけ知っていればよかったと思うんです。でもいまはそれではだめで、教育に関するオプションの情報がものすごく広がってしまっている。

たとえば東京都心の麻布《あざぶ》十番《じゅうばん》の近くに「ライフイズテック」という子どもたちがプログラミングを学べるところがあるんですが、あそこはすごくおもしろくて、いつも前を通ると、いかにもパソコンオタクという感じの子どもたちがたくさん来ている。おそらくああいうところに通っている子どもから将来の孫正義《そんまさよし》とかビル・ゲイツが出てくるんだと思う。

いまは偏差値が高い中学、高校に行っていい大学に行くよりも、ライフイズテックを知っているほうがよほど役に立つような時代になっています。だから教育に関する情報を保護者のほうも戦略的に取りにいかないと、子どもにベストな教育のポートフォリオ（portfolio 学習の過程や成果などの集積）を与えられない時代になっているんですよね。

プログラミング必修化は成功するか

竹内　プログラミングの話が出たので、もう一度ＡＩ時代に必要な教育ということを考えてみたいんですけど、すごい超計算社会がやってきているのに、いまの公教育は完全に乗り遅れてしまっているわけです。

文科省が二〇二〇年にプログラミング必修化をやりますと言い出したことで現場は大混乱です。実はこの間うちの学校に熊本県のある村の村長さんと教育長さんが見学に来ました。聞けば、文科省はプログラミングをやれと言うんだけれど、言うだけで何もしてくれない。このままではとても現場はできませんというわけです。困ってしまっていろいろ見学するなかで、うちに来たわけです。それで提携というか、うちで地域の先生を教育して、遠隔授業というかたちでインターネットで結んでリアルタイムでプログラミングの授業を配信できないでしょうか、みたいな相談を受けました。

文科省が英語をやれと言っても、英語はできないじゃないですか。プログラミングを教えろと言ったって、プログラミングができない先生が教えるわけだから、これもまた大変ですよ。その辺がいますごい行き詰まりを見せていて、それでたぶんうちみたいに数学やプログラミングができる人が教えている学校が、先生を教育したり、ネットで授業を配信したりして、公教育の不備をカバーするしかないのかなと思っているんですね。

茂木　おそらくトップダウンのカリキュラム・ベースド・エデュケーションというのが、もう時代遅れなんですよ。簡単に言うと文科省自体が時代遅れということです。二〇二〇年からプログラミング教育をやれと言うのを聞いたとき、なぜ二〇二〇年なんだよ、いまやればいいじゃん、と思いましたもの。同窓の林修《はやしおさむ》じゃないけれど、「いつやるの、いまでしょ」という話でしょう。それを二〇二〇年から始めるとか、そういう悠長《ゆうちょう》なことを言っているから、あの人たちはもう恐竜だとか言われるわけで。

竹内　そうそう、まさにそうです。英語教育がうまくいっていない理由は何かと言ったら、結局、机上の空論なんですよ。英語ができない先生に教えろと言ってそれができなかったので、海外からアシスタント・ランゲージ・ティーチャー（ALT：Assistant Language Teacher 外国語指導助手）というネイティブの先生を引っ張ってくるんだけれど、ほんとうに玉石混淆《こんこう》なんです。ちゃんとした先生もいるんだけれど、全然ダメな先生もいて、機能していないんですね。だからおそらくプログラミングもかけ声だけで終わってしまって現場が大混乱ということになっちゃうと思います。

茂木　しかも国は、わけのわからない検定教科書をつくるのが習い性だから、プログラミング教育もきっとわけのわからない検定教科書をつくろうとします。そうすると頭の固いじいさんたちが文科省のなかに集まって、わけのわからない古臭い教科書ができるに決まっているんです。

ぼくは国の委員会って何回か出たことがあるけれど、あれはほんとうに意味がない。すごいですよ。委員が二〇人とかいるでしょう。ぼくは最初、議論すると思って行ったら、先生が一人二、三分ずつ話していって一周したら、じゃあ、今日の審議会はこれで終わりですと。はあ？　何なんだ、お前らみたいな。とにかく国の審議会とか、ああいうのはまったく意味がない。だから期待してもしょうがない。

竹内　ほんとうにそう思う。読者のみなさんは、国の英語教育もプログラミング教育もあてにしないで、いまから情報を集めて始めたほうがいいですよ。

茂木　しばらく前にハーバードのアドミッション・ポリシー（admission policy 大学の入学

者受け入れ方針）を熟知していて、「Ｒｏｕｔｅ Ｈ」という海外のトップ大学をめざす進学塾を立ち上げた方と話す機会があったんですけど、そのときすごく印象的な言葉があったんですね。それは、ハーバードが求めている人材というのは、お互いに学生が教え合えるような、そういう学生です、というもので、これはとてもリーズナブルだなと。

というのも、ハーバードの教授というと、日本人はすごくありがたがりますけど、実際にはバッタもんも多いんです。だっていまこれだけ科学技術が急速に発展しているときに、昔取った杵柄《きねづか》のオールドボーイが、いまの生きのいいティーンエイジャーにサイエンスとかプログラミングとかで勝てるはずがない。

教師の役割は、自分が答えを知っていて、それを子どもに伝えることではなくて、子どもがいまのぼくらなんかよりもよっぽど先に進んでいるのを邪魔しないように環境を整えてあげるとか、テクノマエストロ（時代の最先端にいる研究者）との出会いをつくってあげるとか、ちょっと俯瞰《ふかん》したオーバービューを与えてあげること。それこそが教師の役割であって、教師なんか答えを持っているはずがないんです。

ましてや文科省なんか答えを持っているはずがない。だっていまだにペーパーワークをエクセルで送ってくる人たちですよ。日本ってすごくないですか。役所関係の書類はだいたいエクセルで来る。このなかに文字を入れろと。おかしいでしょう、どう考えても。エクセルを使っているような人たちにＩＣＴ（Information and Communication Technology 情報通信技術）を語ってほしくないわけですよ。

竹内　それは言えますよね。

茂木　ポスト・トゥルース（post-truth 脱・真実）という言葉が流行りですけど、教育もポスト・トゥルースで、何が真実なのかわからない時代になっていると思うんです。相変わらず学習塾や予備校は偏差値の高い中学、高校から大学へ進むことこそが幸福だと洗脳して、奥さん、偏差値受験ですよみたいなことを言い続けているし、一方で堀江貴文みたいに大学なんかもう行く必要がないと言う人もいる。何が真実なのかわからないポスト・トゥルースの教育状況なので、必死になって自分たちで考えないと、最適な解は見つからないんじゃないですか。

竹内　繰り返しますけど、国はあてになりません。結局自分たちで身を守るしかないので、ちゃんとした教えられる先生がいる学校で英語にしろプログラミングにしろ教わるしかないということだとぼくは思います。

バスケでプロになれる確率

茂木　ただ、いくら親が自分の子どもに英語やプログラミング言語を習わせたいと思っても、本人がスポーツなどに夢中だったりして、そんなの興味ないし、という場合もありますよね。そんなときはどうしたらいいんだろう？

竹内　たとえばバスケットボールが大好きな子どもを連れてきて、無理やりプログラミングをやれといっても、それは無理です。逆効果で意味がない。そんなときまず考えないといけないのは、将来的に一生バスケで食っていけるのかという問題があります。バスケだけやっていればいいのかという話ですね。

茂木　バスケでプロになれる確率ってほとんどないですよね。

竹内　それが現実です。でもごく一握りだけどプロになれる人がいるのも事実で、すごくバスケの才能があるなら、将来的にアメリカのＮＢＡ（National Basketball Association）に挑戦するようなチャンスに恵まれるかもしれない。そのとき英語ができるかどうかはけっこう大きい。話せないとしり込みするかもしれないけど、話せれば自信をもってチャレンジできるかもしれない。英語ができれば、可能性が広がりますよね。プログラミングも同じで、小さいうちからやっておけば、その分、可能性が広がると思うんです。

ただし、いま一生懸命やっているバスケをやめさせてプログラミングの塾に通えというのはナンセンスです。まずはプログラミングを体験する機会をつくってあげることです。そうすれば、プログラミングって意外とおもしろいなと思うかもしれない。なかにはこんな楽しいことがあるのかと、バスケの練習を一日減らしてプログラミングの塾に通いたいと言い出す子どももいるかもしれない。

茂木　松岡修造《まつおかしゅうぞう》って、来ただけで周辺の気温が上がるという人がいますよね。彼は日本人男子で初めてウィンブルドンでベスト8に行ったすごい人なんですけど、その彼がおもしろいことを言っていました。

ジュニアのとき海外に行って、外国の選手と練習したくても相手にしてもらえなかったというんですね。当時はまだ無名だし、英語もそんなに上手じゃなかったから。それで彼は英語を必死に覚えて磨いたんだそうです。外国の選手と交渉し、練習相手をしてもらうために。人それぞれですけど、意外なかたちで英語って必要になることがあるんですよ。

竹内　だから、できないよりはできるほうが絶対にいい。

茂木　バスケの話に戻せば、プロになれる確率が極めて低いのは厳然たる事実で、それを認めることは、別にその息子さんなり娘さんを軽くみるわけじゃなくて、それくらいプロの世界は厳しいんだという、ある種のリスペクトに基づく冷静な判断じゃないですか。そう考えたら、いくらバスケが好きだからと言っても、これからの時代に必要な英語やプログラミング教育を受けないという選択肢は、最初からないと思うんです。

竹内　それから日本ではオリンピックに出場するような一流のアスリートでも競技者を引退したあとは、けっこう悲惨な状況に陥る人もいますよね。その競技しかやってこなかった悲劇ですよ。

たぶん文化的な違いもあると思うんですけれど、アメリカなどの場合、オリンピックのメダリストなどが、競技から離れたあと、大学に行って医者や弁護士になったりするケースはたくさんあります。

それを見ていると、結局その方たちはオリンピック選手になる過程において、ちゃんと勉強もしているんですよ。競技者として頑張っているとき、引退したあとにどうするかを考えているんです。彼らは超一流のアスリートだけど、複数のことをやる多様性のある教育をちゃんと受けているから、それを自ら実践できる。だからバスケをやりながら、英語もやればいいし、プログラミングもやればいいんです。いろんなことをやってみればいいんですよ。

知り合いに科学雑誌「Ｎａｔｕｒｅ」の元編集長がいるんですけれど、その人は地球科学で博士号を取って編集をやっていたのに、ある日突然辞めて、トランペットのジャズミュージシャンになったんですよ。そんなの、いきなりなれるわけがない。会社の仕事が終わったあと、毎日コツコツ何十年もやり続けていたんですね、トランペットの練習を。

茂木　そんなふうに生きられたら素敵だよね。素晴らしいと思う。

竹内　ほんとにそう。それにはバスケだけやっていればいいというものじゃなくて、やっぱりバランスよくいろいろなものに興味を持ってやっておくことです。そうすれば、バスケが終わったあとに悩むこともないし、新たな別の人生を歩めるはずです。

第2章

日本の教育はオワコンだ

「5＋3」は○、「3＋5」は×、というヘンな教育

茂木　竹内が自分で学校をつくった理由の一つとして、生徒の考え方より正しい答えを書けるかどうかが重視されるいまの公教育に疑問を感じたからと言ってましたよね。それを象徴しているのが算数だと。これは具体的に言うと？　何かきっかけがあったんですか？

竹内　あるとき、某私立大学の研究所で講演をしたあと、そこの副所長さんからこんな相談をされたんです。「うちの孫がね、学校でバッテンをもらってきたんだけれど、これどう思いますか」と。そして一枚の答案用紙を見せられた。「車が五台止まっています。そこにあとから三台止まりました。全部で何台止まっているでしょう」という問題があって、「孫は三＋五＝八と書いたらバッテンをもらっちゃったんですよ。先生は五＋三＝八が答えだというんだけれど、おかしな話ですよね」と言って怒っているわけです。それを聞いて、「それはナンセンスですよね」という話をして笑ったんだけれど、算数の演算では足し算と掛け算は交換できるから、先生がそういうことをやってはいけないんですよ。

茂木　二×三＝六は正解だけど、三×二＝六は不正解とかね。

竹内　そうそう。そんなばかな話はないわけで。

茂木　ぼくもツイッターで、小学校の算数のテストで、三・九＋五・一＝九・〇と書いたら減点されたというツイートが流れてきてびっくりしたことがあります。正解は「九・〇」ではなく小数点と〇を取った「九」だというんです。「〇」を残すと「九〇」と間違えるかもしれないし、〇だけ消すと「九・」となって無意味な小数点が残ってしまうから「九」だというんだけど、ここまでくると、はっきり言って子どもに対する一種の虐待《ぎゃくたい》ですよ。

竹内　ところがツイッターなどを見ると、そういう話がたくさん流れてきて、あちこちで起きている。足し算もそうだし、掛け算もそうだし、ほんとうにおかしな算数の教え方をしている。こんな学校に娘をあずけて大丈夫かと思ったわけです。

茂木　確かに心配になるよね。

竹内　似たようなことは科学でもあって、たとえば「地球の引力」が答えになる問題があるらしいんだけれど、それを重力と書いたらバッテンだったという話も聞きました。親御さんが「おかしいんじゃないですか」と先生に言ったら、「いや、小学校何年までは地球の引力なんです。それから上の学年になったら重力でいいんです」という答えが返ってきて、何じゃそれと思ったという話で、もう笑うしかないですよね。科学者が見て正しいと思うのに、どうしてそれを使ってはいけないのか。そんなおかしなことをする学校に行って変な算数や科学を教えられても困るなというのがまずありましたね。

茂木　全然話せるようにならない英語教育も問題が多いよね。

竹内　これについては前にも少し話したけど、英語の授業をやっているアシスタント・ランゲージ・ティーチャー、ＡＬＴというのがいるわけです。海外から英語ネイティブの人を連れてきて、小学校とか中学校で英語の授業の補佐をしている。

　ところがそういう人を知人を介していろいろ観察してみると、いい加減にやっている人が多いんです。それこそ、「よし、今日はみんなでサッカーだ」とか言って英語の授業の時間にまるまるサッカーをやっていたりする。サッカーやっても掛け声は英語だからいいんだよというノリなんです。実際はただ遊んでいるだけで、英語なんて全然身につかない。

　ほんとうにちゃんとした英語を教えようというネイティブの先生は少ない。これは英語の教育関係者に聞いてもそうで、ものすごく質に差があるんです。一生懸命やっていて、しかもすごくちゃんと英語を教えてくれる先生もいるけれど、いい加減に遊びに来ている先生が多い。適当にツアーみたいな感じで、観光旅行で来ている人もいるんです。それを見ていて、これじゃあダメだなというのがあった。怖くて娘を通わせられない。

茂木　プログラミングを教えられる先生がいないというのも学校をつくる大きな理由の一つだったよね。その話はすでにたっぷりしたのでいいとして、ほかに何か理由は？

竹内　あとはいじめ、不登校の問題も大きかったかな。全然なくならないし、仕事の関係者などに聞いていても、うちの子どもが不登校だったみたいな話がたくさんある。これではもう無理だなと思って、じゃあ自分でつくりましょうという話になった。

日本人が知らない世界の教育のベストプラクティス

竹内　とにかく日本の教育には問題が多い。

茂木　僕の専門は脳科学で、それに関連する分野として、当然教育があるのですが、日本の多くの人が実はまったく理解していないことがある。それは世界の教育のベストプラクティス、最も良いやり方というのが、近年になって急激に変化しているという事実で、これについてはほとんど理解されていないと思うのです。

竹内　『いまを生きる』(原題：Dead Poets Society) という映画がありました。一九八九年のアメリカ映画(日本公開一九九〇年)で、監督はピーター・ウィアー。主演はロビン・ウィリアムズ。第六二回アカデミー賞で脚本賞を受賞しています。舞台は規則の厳しい全寮制のエリート高校。生徒たちは毎日抑圧された生活を送っています。そこにある日、型破りな英語教師が赴任してくる。この教師役がロビン・ウィリアムズで、彼は冒頭の印象的なシーンで、詩について書かれたぶ厚い教科書を生徒たちに読ませるのだけれど、しばらく読んだところで、こんなことをやってもまったく意味がないだろう、教科書なんか破り捨ててしまえと言って、詩のほんとうの素晴らしさ、生きることの素晴らしさについて教えようとするんです。

茂木　その教え方がすごくいい。自ら机の上に乗って、「物事は常に別の視点で見なければならない。ここからは世界がまったく違って見える」、そう言って目線を変えて物事を見ることの大切さを教えたりする。

有名なこんなシーンもあります。昔の卒業生の写真を見てロビン・ウィリアムズ演じる教師は言います。「この人たちはみんな死んでしまっているだろう。だからこの人たちに耳を傾けていると、ほら、何か聞こえてくるだろう。いまを生きろ！」。邦題の「いまを生きる」は、この「いまを生きろ」、ラテン語の「Carpe Diem（カルペ・ディエム）」から来ています。

初めは戸惑っていた生徒たちも、次第に規則や親の期待に縛《しば》られないで、自由にいまを生きようと望むようになる。ある生徒は演劇に目覚め、別のある生徒は恋をすることの素晴らしさを知り、また引っ込み思案だったある生徒は胸のなかにある思いを自分の言葉で表現することの喜びを覚え、周囲の喝采《かっさい》を浴びます。そうやって一人ひとりが主体的に自分の人生を生きられるように、自ら言葉を紡《つむ》ぎ出すことの大切さを教えていく。

劇中、テキストを読む教育は、昔ながらの教育ですが、ロビン・ウィリアムズ演じる教師がやる型破りの教育は、実はいまの世界の教育のベストプラクティスに近いわけです。

竹内　あの教師は、生徒たちが自分で考え、表現できるように導いていますよね。

茂木　まさに生徒たちが自ら主体的、能動的に学びに参加するアクティブ・ラーニング（能動的学修）で、それを課外活動としてやるのではなく、もうメインのカリキュラムにするのが、いまの世界のベストプラクティスの動きです。それがもう就学前のプレスクールから大学院まで、ありとあらゆるところで起こり始めているのに、日本にはほとんど入ってきていない。

竹内　うちの学校は基本的にアクティブ・ラーニングで、授業に子どもたちが参加するんですね。当然、そこにはプレゼンテーションも入ってくるし、ディベートも入ってくるし、ディスカッションも入ってくる。言葉というのはすごく広がりがあるので、そういうこともうちでは教えています。

茂木　それはすごく大事なポイントだと思う。日本の教育現場ではそういう部分がすっぽり抜け落ちちゃっているから。たとえばディベートは、反対討論をしてもそれは人間関係が壊れるわけではなくて、むしろ仲良くなったりするもので、そういう基本的な態度というか哲学を日本人も身につけないといけないですよね。

ラーナー・センタードという考え方

茂木　アクティブ・ラーニングという学習法は、『いまを生きる』が公開されたあとの一九九〇年代から出てきたんですけれど、その大前提としてあるのは「ラーナー・センタード」(learner centered 学習者中心)という考え方です。

竹内　その反対が「ティーチャー・センタード」(teacher centered 教師中心)ですね。

茂木　たとえばかつて精神分析とか精神治療みたいなものは、先生側が「あなたはこういうトラウマがあるんじゃないですか」と誘導していたわけです。それがクライアント・センタード(来談者中心)でクライアントが自ら発見する側に移っていったわけです。

竹内　悩んでいる人がいたら、先生が「あなたの悩みはこうです」と言うのではなくて、先生が触媒となって、話しているうちにクライアント側が自分で気づいていく。

茂木　ちょうどそれと同じ動きが教育界でもあって、それがアクティブ・ラーニングの考え方なんです。それはものすごく重大なことで、おそらくこの本はそれがきちんと伝われば成功なのですが、自分の学びのプログラムは自分で作るというところがすごく重要なんです。

ところが、ラーナー・センタードという考え方は、日本の教育マーケットのなかではおそらくほとんど理解されていない。そもそも文科省の検定教科書というのがあるじゃないですか。あれは何を意味しているかというと、国がこれを学べというメニューを示しているということでしょう。これはラーナー・センタードではありません。

ラーナー・センタードというのは、たとえばぼくが知っている事例だと、ある学校の小学一年生が、プロジェクト学習で、日本の固有植物と外国から入って来た帰化植物の分布に興味を持って、家の周りを調べてそれらがどう分布しているかマップをつくったんです、それも季節ごとに。これってすごくないですか。

もう一つ、新潟の高校生が僕にメールをくれたんですが、彼は水槽のなかにいかに多くの生物を共存させられるか、ある種のエコシステムをつくることに興味を持っていて、いろいろな実験をしているわけです。これもものすごく深い話で、それこそ火星を探査するときの生態系をどうつくるかみたいな宇宙開発にもつながっていくすごく大きな知見がある。

この二つの事例は、文科省が「これをやりなさい」といったメニューから選んだのではなくて自分で選んで調べたり、研究しているわけです。ラーナー・センタードというのはこういうことを言うのであって、そういう根本的な思想がわからないと二一世紀の教育界には来られないのです。だから日本の教育は基本的にだめなんです。

竹内　こういうことを言うと、おそらくすぐに来るんです。「そんなこと言ったたって茂木と竹内は東大を出たんでしょ」って。

茂木　これについては二つ言わせてください。一つは、東大に入ることにもう価値はない。日本国内で食べていくぶんには、たとえば東証一部上場の大企業には入れるかもしれないけれど、グローバルな視点から見たら、もはやそれ自体にたいした価値はありません。

もう一つは、百歩譲って東大にペーパーテストでいい点数で入って、いま仮にそれに価値があるとしましょう。でも京都の堀川高校という公立高校は探究科というものをつくって高二のときに卒業論文を書かせたら、京大への進学実績が一気に伸びたんです。つまりペーパーテストによる学力検査というのは意味がないとは言わないけれど限定的な意味しか持たなくなっているわけです。学力というのは、実はラーナー・センタードの探究型学習がないと伸びないのです。

竹内　いずれにせよカリキュラムは上から押しつけるものではないし、勉強しろと言うものでもない。それがわかっていない親御さんは、そもそも自分の人生でいままでの学びは何だったのかということだと思うんですよね。少々酷《こく》かもしれないけれど。

教科書を勉強しても意味はない

竹内　一番の問題は、教科書が中心になっていることでしょう。「あれはいったい何ですか」という話です。「誰がつくったんですか、どうしてそういうものができたんですか」と。

茂木　意味ないでしょう。

竹内　たとえばいまぼくらの学校では、社会科の授業をやっていたのに、いつの間《ま》にか大陸移動説の話になっていたりします。

茂木　いい話だな。

竹内　それがそのうち地球の真ん中はどうなっているのかと、どんどん話が進んでいく。

茂木　仮説があるんじゃなかった？

竹内　そうそう、マントルがあるんだよとか、子どもたちがいろいろと調べていくんです。「真ん中は金属なんだよね、でも一番真ん中は溶けてるんだよね。なぜ？」とか。

茂木　どうやってそれを調べるかというのも学ぶの？

竹内　それはまずインターネットで調べ、本を読み、あとは周りの人に聞きます。そうやって調べる。それでそのときぼくがすごいなと思ったのは、授業の最後に、「地球の真ん中をどうやって見るんですか」と鋭い質問が出たことですね。「確かに地球を輪切りにした人はいないよね」と。それでたぶん次の授業あたりで、「実は輪切りにする方法もあるんだよ」という話になって、「ニュートリノというのを使って見ることができるんだ」と、その辺まで行くんだと思う。

茂木　いきなりニュートリノに行くのか。地震波か何かでやるのかと思った。

竹内　ニュートリノの説明は難しいから、たとえばレントゲンか何かの事例を示して、「地球も実際に輪切りにしなくてもそうやって見られるんだよ」という話に行くんだと思うけれども、要するにはじめは社会科で始まったんです。それが科学の話に行くんだけれど、それでいいと思うんですよ。脱線しても大いにけっこうで、子どもがすごく興味を持ったらそれをずっと教えていく。子どもが自分で勉強していくというのが重要で、それがアクティブ・ラーニングの本質だから。

茂木　実際、いまではホームスクーリングが一番理想だと言われているくらいですからね。アメリカでは、いま大学に行くべきかどうかということ自体も問われているけれど、ホームスクーリングで勉強した子どものほうが、いわゆる名門大学に合格する確率が高いんです。二〇〇〇万人くらいが学校に通わず、完全に家で勉強しています。しかもホームスクーリングに対しては連邦政府が学校に通う子どもと同じくらい補助をすることになっている。

さらに言えば「ティール・フェローシップ」（Thiel Fellowship）という奨学金もある。ネットの決済サービスの「ペイパル」（PayPal）の創業者のピーター・ティールという人がやっているのですが、これは二年間で一〇万ドル、すなわち一〇〇〇万円くらいもらえるんです。給付の唯一の条件は大学に行かないこと。現時点で大学に行っている人は、ハーバードでもスタンフォードでもそれを辞めることです。

大学にけんかを売っているのかと、さすがのアメリカでもちょっと話題になったのですが、そのティール・フェローシップは毎年八〇人くらい取るのかな、その採択率が一％以下なので、どんな名門大学よりも難しいと言われて、逆にブランド化しています。

それで二年間に何をやるかというと、たとえば先ほどの水槽のなかに生態系をつくることに興味を持っている少年だったら、アンモニアの除去とかいろいろな

竹内　テクノロジーを入れて、それをビジネスにするかもしれません。あとはセンサー系を入れみるとかね。ただ教科書やってるよりそっちのほうがおもしろくないですか。結局、そういうことなんですよ。

竹内　たぶんいままでの日本の教育というのは、たとえば算数の計算をやる技術のようなものを延々と繰り返し教えて叩き込んできたわけです。そうした能力はもちろんある程度は必要です。ただし、それはある程度でいいんです。

だからある程度計算ができて原理がわかってきたら、あとはコンピュータがそれをやってくれるわけですから、延々と計算問題を毎日やるような無駄なことはやめて、その努力を別の方向に振り向けないといけない。自分で考え、表現できるような方向ですよね。それがいまのアクティブ・ラーニングが世界中で広まっている理由なんです。

乗り遅れた日本の教育制度

竹内　残念ながら日本は完全に乗り遅れています。その理由は簡単で、いま学校の先生がアクティブ・ラーニングをできないんです。学校の先生は自分たちが座学、ドリル式で教わってきたのでクリエイティブな授業をなかなかつくれない。これはもうしょうがない。

茂木　ぼくは文科省の悪口をよく言うのですが、文科省もかわいそうだなと思います。いまいる大勢の先生方を全員替えるわけにはいかないので、文科省はその先生方とともに生きていかないといけない。そこは限界があるんですね。

竹内　でも別にともに生きていかなくてもいいんじゃない。

茂木　本音を言えばそうですよ。究極には文科省を解体してほしい。

竹内　そもそも教員免許制度も要らないでしょう。

茂木　そうですね。

たとえばアメリカの場合、ハーバードの卒業生にすごく人気のある就職先の一つに「ティーチ・フォー・アメリカ」(Teach For America)というニューヨーク州に本部を置く教育NPOがあるんです。彼らは得意の勉強をいかして、いろいろな学校に行って教えるわけですが、大企業や金融業界よりもそちらを就職先で選ぶ人が増えているんです。

竹内　そもそもアメリカと日本の大きな違いは、ぼくも茂木も学校で教えられるくらいの知識は持っているのに、教えてはいけないんです。

茂木　教員免許がないから。

竹内　そう。

茂木　ヘンですよね、どう考えてもおかしいでしょう。ある意味、この国の教育はオワコン（終わったコンテンツ）なんです。

竹内　確かに教員免許制度というのは緩和しないといけない。

茂木　まったく意味がない。

竹内　ほんとうは廃止すればいいけれど、その前にせめて緩和すべき。

茂木　教員養成系の学校の既得権益になっているから、彼らはそれを言われてしまったらレゾンデートル（存在理由）がなくなってしまうので、ものすごく焦《あせ》るでしょうね。

竹内　たとえば加計《かけ》学園の問題とかあるじゃないですか。あれは内閣府の地方創生推進室というところが規制緩和をしようと思って国家戦略特区という仕組みをつくったわけです。ところが文科省はそれがおもしろくないんです。自分たちのこれまでのシステムでないと学校がつくれないようにしてほしいわけです。だからリーク情報が出てきた。その意味ではすごくわかりやすくて、加計学園の問題は、規制緩和をしようとする側と、されてしまう側の戦いなんです。

茂木　大学設置基準というのがあるじゃないですか。たとえば加計学園なら獣医学科をつくるのに敷地とかいろいろな基準があって、それを満たしたら認可しますよ、認可したらいろいろな補助金が出ますよと。でもアメリカは、そもそも大学の設置基準なんてないんですよ。だからトランプ大学もつくれてしまう。その大学がどれくらい世間で認められるかはまた別の問題で、つくりたかったらつくっていいんです。要するに認可という概念がない。

その意味では日本人の明治維新以来の成功モデルがもう古いんです。国家のお墨付きをもらうと何か安心したような気になるのか知らないけれど、そんなことを言っていたら配車サービスの「ウーバー」（Uber）もできないし、民泊サービスの「エアービーアンドビー」（Airbnb）もできないですよ。このままだったら、この国はどんどん発展途上国になっていく。インバウンドで海外からのお客さんが急増していると喜んでいますけど、それはそのまま昔のスペインとかイタリアの姿じゃないですか。

竹内　ほんとうはこの国でイノベーションを起こして、すごくいいものをつくって輸出して、我々がどんどん海外に行くようでないといけないのに、「おもてなし」とか言って喜んでいる。

茂木　それって言葉は悪いけど、昔の地中海の周りののんびりした国の生き方ですよね。その根本的な理由は教育なんです。イノベーションを起こして付加価値をつくれない人材を育てている。小学校から四谷大塚、日能研、ＳＡＰＩＸに通い、名門中学に行って偏差値競争をして、早稲田、慶應、東大、一橋に行くというルートは、世界の教育の動きであったり、ベストプラクティスという文脈で見たらまったく意味がないんです。

それなのに小学生の親の八割くらいはまだそのルートで、我が子の幸せという幻想を追い求めている。だから芦田愛菜《あしだまな》ちゃんが慶應の中等部に受かったと聞いて「えー、すごーい」となる。彼女の努力に対しては、もちろん拍手を送りたいし敬意を表したいけれど、偏差値七〇というところだけが立ち上がるという貧しさ、それを壊さない限り日本の教育はもうダメだとぼくは思うんです。偏差値だけに価値を置く人生のストーリーはもう終わりです。そこはもう目覚めてもらわないと、この国はますます付加価値をつくれない国になりますよ。

偏差値教育の弊害

竹内　前にも話したけど、米アイビーリーグなどは、受験勉強一本槍ではなくて、音楽活動など多様な活動をしてきた学生を好みます。

茂木　多様な物差しで人物評価することの大切さですよね。この話をするとだいたい日本の人は、そういうことをやるとお金持ちの人が有利になってしまうとか、人間本位よりも学力本位のほうが大事だと言うんだけれど、これはすごく誤解されていて、大事なのはその人の活動のポートフォリオ（学習の過程や成果などの集積）なんです。その人の過去の活動履歴に基づく、その人の能力とポテンシャリティをポートフォリオと見て、アドミッション、つまり入学を認めるかどうかの判断にしているわけです。

あとハーバードにしてもどこにしても、アドミッションの評価基準については一切明らかにしないですよね。この点は素晴らしいと思う。日本だとアカウンタビリティ（accountability 説明責任）だとかいろいろあって、この点数以上じゃないと入れませんという基準を明確にするし、そうすることで何か説明責任を果たしたように思うじゃないですか。

だけど実際には人間は、いろいろな多様な物差しで人を見ているわけだから、たまたまこの人はハーバードに入れたけれど、この人は入れなかった、でもこの入れなかった人のほうが優秀だということも当然あるわけで、そこも許容したうえでの多様性ですよ。

竹内　たぶん日本で一番いけないのは、それこそ一番いい大学はどこですとか、そういうランク付けをするじゃないですか。あれはすごいナンセンスで、時代遅れなわけです。

茂木　そうですよね。三〇年くらい時代遅れになっているのに、まだ変わっていない。ぼくは「Fラン大学」が好きなんです。偏差値が低くて誰でも入れると揶揄《やゆ》されている大学の総称で、河合塾とか代々木ゼミナールとか東進ハイスクールとか、ああいう邪悪なやつら（笑）が勝手にそういうラベルを貼りつけたわけです。

あるときそのFラン大学とされている某大学に行ったんです。そうしたらそこにガレージパンクの世界的コレクターがいた。ガレージパンクというのは、ロックンロールと七〇年代パンクの中間のようなロックの一ジャンルで、もともとスタジオを借りるお金もないような高校生などが、よくバンドの練習を自宅のガレージでしたからその名がついたとされているんですけど、バンドによっては一〇枚しかプレスしてないような超レアなLPレコードもある。そんなガレージパンクの世界的なレコードコレクターがその大学の学生のなかにいたんです。それってすごくないですか。世界に何人かしかいないエキスパートの一人なのです。だから偏差値とかFラン大学とか関係ないんです。そういうレッテル貼りのなかで生きてるなんて、はっきり言ってバカですよ。ぼくはそういう日本人のバカさ加減にほんとうに腹が立つ。自分で何も考えてない。そのあたりはもう完全に終わっていると思う。

もちろん予備校も終わっている。まったく要らないです。何であんなものに社会的な資本を投入しているんですかね。河合塾も代ゼミも明日なくなってもいい。いまそれをやっている先生方は何をやればいいのかと言うと、その同じお金を国から出して、たとえば学習障害（Learning Disability, LD）の一種で知的には問題がないのに読み書きに困難を抱えるディスレクシア（Dyslexia 識字障害）の人を教えるとか、そういう方向にシフトして社会的リソースを割《さ》けばいいんです。

映画にもなった『ビリギャル』の話なんか何がいいんですかね。偏差値が低かった女の子が偏差値の高い慶應に入ったからって、それがどうしたって話でしょう。何でそれが感動的なんですか。ほんとうに意味がわからないですよ。もちろん彼女自身の努力は認めるけど、努力の方向は、もっとさまざまでいい。

文科省の似非《えせ》アクティブ・ラーニング

竹内　この間、ある講演会のあとで参加者の一人からこんな質問を受けました。いま日本の学校でアクティブ・ラーニングが少し流行りつつある。二〇二〇年の学習指導要領改訂で導入が予定されており、その前倒しの動きと思うが、日本の学校でやるアクティブ・ラーニングは、たとえば先生が「今日はこういう課題をやります」と言って、クラスをいくつかのグループに分けて、調べたり、意見交換をして、各グループで発表し、最後に討議するような形でやるケースが多い。これはほんとうにアクティブ・ラーニングなのかと。

茂木　いや、それは形式的な部分を取り入れているだけでしょう。

竹内　アクティブ・ラーニングというのは、子どもの側から探究していく、情報を取りにいくというような部分がすごく重要だし、子どもがそれをおもしろがっているかどうかというのもとても大事なポイントになります。要は魂が入っているかどうかで、形だけ真似ても意味はない。でも実際はそういう先生が多いかなという気がします。

茂木　日本の文科省が何かを取り入れるときというのは常に形式から入りますからね。たとえば英語についても、英語の授業を時間割で時間数を決めて、こういう計画、こういう体制でやりましょうと決めるんです。それでみんな、しゃべれますかという話です。結果が出ていない、しゃべれていないわけですよね。

竹内　おそらくプログラミングも同じことになるわけです。プログラミングも二〇二〇年から取り入れますよと、いろいろなことを全部決めるんです。全部決めても結局、みんながプログラミングを普通にできるようにならなければ、そんなのだめだし、意味がないじゃないですか。

アクティブ・ラーニングもたぶん同じで、文科省が先生に「こうやりなさい」と言うから、先生はその形式にのっとって授業をやるんです。でも、それはアクティブ・ラーニングではないんです。それは疑似というか似非アクティブ・ラーニングです。周りから見ていると何となくアクティブ・ラーニングをやっているように見えるけれど、それは実質的には子どもたちにはあまりいい影響はないのではないでしょうか。

茂木　文科省は自分たちが手を引くのが一番ためになるということに気づいてほしい。口を出さないことが一番ためになるということに気づいてくれたらいいと思う。

竹内　文科省は一応、危機感は持っているんですよ。英語がしゃべれません、自発性がありません、人前でのプレゼンもできません、討論もできませんと全部わかっているんです。

茂木　でも明らかにその対策としての方向性が間違っている。ご退場いただくのが一番ですよ。

学校にも学年にも縛られない教育

茂木　イギリスやアメリカでホームスクーリングの利用が増えているのは、子どもをいじめから守るとか、いいアカデミックなパフォーマンスを上げたいとか、いろいろな理由があるんだけれど、ああ、なるほどなと思ったのは、仕事の関係などでたびたび住まいが変わる場合、ホームスクーリングなら教育の継続性が保てるわけです。これは竹内の学校経営を考えたときにもすごく関係する話だと思うんですよ。

竹内　どういうこと？

茂木　たとえば、将来的に竹内の学校が開発したカリキュラムをホームスクーリングでロケーション（居住地）に関係なく提供して、エバリュエーション（評価）もして、フィードバックするサービスを月額一～二万円の低価格で提供するとするじゃないですか。そうするとさっき言ったように中国では毎年一二〇〇万人生まれているわけだから、すごい額になるじゃない。

　そもそもこれからは学校が場所に縛られるという概念自体が古くなる可能性がある。親の仕事のために引っ越して学校を変わるとか、学校が終わるまで父親だけ単身赴任するとか、そういう制約は将来的には取っ払っちゃっても全然問題ない気がします。

竹内　確かにぼくらの学校もホームスクーリングにすごく近いよね。ホームスクールにお友だちが来ているみたいなイメージなので、結局そうなるのかなという気がする。

茂木　これから学年が上がっていくと習熟度とか興味の対象も変わっていくから、結局それぞれの子どもが自分の興味を追い求めるという方向に行くんでしょうね。

竹内　そうそう。ただ、それにはいま学校の先生とすごく議論しているんだけれど、学校の先生を経験した人は、学年という概念がすごく強いんですよ。だからいつもぼくはそうじゃないんだよと言うんだけれど、まだ完全に理解してもらっていない。アクティブ・ラーニングをいろいろやっても、なかなか学年という縛りから抜けきれない。ただ最近は、少しずつ同じ学年でもできる子ができない子を教えるなどの工夫が入ってきているので、徐々に先生もわかってきているのかなとは思います。

茂木　学年の概念というのは、この学年だったら最低限これを知っていなければいけないとかそういうこと？

竹内　そうそう。それはまず教科書というものがあって、学習指導要領みたいなものがあって、それでこの学年ではこれを教えますよというのがあるわけでしょう。その縛りがやっぱりすごく強い。それをばらすのは意外と大変なんですよ。けっこう激論になるんです。先週も怒鳴り合いのけんかをしてる。それでみんなびっくりしちゃって、でもアメリカ人の先生だから、お互い理解できたら次の週はオッケーという非常に奇妙な関係です。

茂木　アメリカ人同士が議論しているの？

竹内　いや、ぼくと。

茂木　竹内とアメリカ人が怒鳴り合いを？
竹内　そう。ハワイから来てる先生とバーッとやり合った。
茂木　そのハワイの先生はグレード（学年）が大事だと言っているんだ。
竹内　その先生は唯一アメリカで教育学をやった先生だから。ただこっちも実際にはそれがいまちょっとできないような状況にもあるんです。カリキュラムがあって、教室がないとかいろいろとあって、そういう事情はこっちもわかってくる。いずれにしろ議論をしないとお互いわからないから、話すことはすごく大事です。

教科のカベも意味がない

茂木　そういう意味でカリキュラム開発はこれからものすごく大事だと思います。たとえば現代国語という教科は要らないと思う。
　というのは、ぼくの文章を入試の問題に使わせてほしいという依頼がけっこう来るんです。よく冗談で言う話だけど、作者もわからないような文章解釈問題とかあるじゃないですか。文章を読むことはものすごく大事ですよ。だけど、この作者の意図は何でしょうかなんて問題はほんとうに意味がない。だから現代国語は要らないでしょう。
あと日本史や世界史はどうかな、これも要らないんじゃないかな。ぼくは、いまの日本史にしろ世界史にしろ浅すぎると思います。
実は最近、ちょっと興味があって曜変天目茶碗《ようへんてんもく》のことを調べていたんです。すごくおもしろい。曜変天目茶碗は、中国南宋の時代に福建省《ふっけん》建陽《けんよう》にあった建窯《けんよう》という古窯でつくられたんだけれど、現存するのは世界でわずか三つで、そのすべてが日本にある。何でそれしかないのかというと、どうもあの星のような模様は釉薬《ゆうやく》を塗ってつくるように見えるけれど、実際はそうではなくて、ある条件が満たされたときに重金属か何かが対流を起こしてああなるらしいのです。建窯という窯《かま》はものすごく炉が大きい。その炉で焼いた何百万という大量の焼き物のなかである特定の条件が満たされたときだけ曜変天目というのが偶然出てくる。出現確率が〇・〇一%とかそういう世界なんです。

竹内　偶然にしかできない。

茂木　天目茶碗は、日本から南宋の首都臨安《りんあん》（現杭州《こうしゅう》市）の近くにある天目山という山の禅院に留学した僧たちが、喫茶の習慣とともに持ち帰ったので、そう呼ばれるようになったんですけど、とにかく曜変天目茶碗は超レアで数が少なくて、最近四つ目のかけらが杭州市で見つかり話題になりました。日本では曜変天目茶碗をすごく大事にして、織田信長《おだのぶなが》も一個持っていたけれど、例の本能寺《ほんのうじ》の変のときに焼けちゃったらしい。へえ、曜変天目っておもしろいなあと思って調べたら、これだけのことがわかる。

歴史の勉強って、こういうことだと思うんです。だから歴史の授業のときに、一人ひとり何でもいいから興味を持ったことを調べてプレゼンする。それは仕事のやり方にも似ていますよね。たとえば企画を立てるときのリサーチは、教育の問題を掘り下げるのに近いじゃないですか。歴史を概観して、いついつに何があったみたいなことをただ覚えるだけだったら何の意味もない。そんな授業なら日本史も世界史も要らないと思う。

竹内　完全な丸暗記になってしまうからね。

茂木　そう。そんなの意味ないもの。あとＳＴＥＭ教育（Science 科学、Technology 技術、Engineering 工学、Mathematics 数学）が注目されているけど、物理学、化学、生物学の授業なんかどうだろう？

竹内　ぼくがいますごく感じているのは、たとえば歴史とか課目を決めるじゃない。そうすると何かこれを教えなくちゃいけないという発想になるんですよ。でもそうじゃないと思うんです。何かのきっかけがあって、それについてみんなで調べていったときに、たとえば歴史の話にガーッと広がるかもしれない。あるいは地理や物理や生物の話に展開していくかもしれない。そうしたら、それはもう歴史の授業だし、地理や物理や生物の授業でしょう。ぼくはそう思うんだよね。

茂木　課目が要らないんだな。

竹内　課目分けがあまりにも古い。それは要らないんですよ。だからそれはうちの学校でも実際に起きていて、例の社会科の授業をしていたら、いつの間にか大陸移動説の話になって、それが地球の真ん中の話になって云々《うんぬん》となったときに、あれ、これって最初は社会科の授業だったよねとある先生が言うわけです。「いいの？　これはもう理科の授業になっているよ？」と言うから、それは自然にそうなったんだから別にいいんだよと。

だって社会科、理科というのが、宇宙の法則として最初から存在するわけじゃないからね。それは勝手に我々がつくっただけのことでしょう。だから地面が動くんだよ、地図が変わるんだよというところから始まって、いまマントルのところまで深掘りしてきたわけですよ。それでいいんです。子どもたちがすごい食いついてきてなかなか授業が終わらないんです。子どもたちがどんどん質問してくるわけ。みんな楽しいんだよね、学ぶのが。

茂木　この学校の卒業生は恐ろしいことになるんじゃないかな。すごい人材を輩出しそうで、楽しみですよね。いまの感じだと、たとえば歴史をやっていました。あるものの建造年代を調べるのに放射性同位元素でやりました。炭素一二、一四です。それはどういうことってやったら、今度はここで原子核物理学の話になっていく。

竹内　いまはさすがに小学校低学年だからそこまで深掘りするような質問は出ないんだけれど、もう少し経ったら、「じゃあ何でこれで年代がわかるの？」という質問が必ず出てくると思うんですよ。そのときにその説明が入ってくるわけでしょう。そういうふうにいろいろなことをどんどん関連づけていくのかなと思います。

茂木　それが自然の流れですよね。実際それは我々が大人になってから、いろいろなリサーチをするときの流れに極めて近い。

日本の教育は耐用年数を過ぎている

竹内　ぼくがどうしても否定したいし、許せないのは、たとえば延々とやる算数ドリルみたいな教育のありようです。延々と足し算をやって、どんどん速くやろう、次は何秒でできるかみたいな学習に何の意味があるのか、まったく意味不明ですが、それがまただんだん複雑になってきている。

もちろん足し算のスキルは必要だけれど、人工知能社会を考えたとき、そこまでやるのは明らかに無駄で、そんなことをやるくらいなら別のことをやったほうがいい。教科書なんて誰かが勝手に、この順番でやりましょう、最初は足し算で、それが終わったら次は引き算ですと決めただけのこと。別に宇宙の法則でも何でもないわけですから、そのとおりにやる必要はないんです。

実際、数学のできる人と話すと、ほとんどの人が、それは違うよね、いきなり割り算とか最初にやっちゃったよねと言います。おもしろいところからどんどん探求していくと、いつの間にか全体がワーッとつながってきて、数学っておもしろいねという話になるんです。

茂木　それは自分で発見していくものだから、ほんとうに自分のものになるんですよね。

竹内　そう。でも機械的に算数ドリルをやる人は何も考えずに延々とそれだけやるわけで、よくないなと思うんです。実はうちに算数ドリルを持ってきて、授業に出ないでそればかりやる子がいたんです。「それ、おもしろいの?」と聞いたら、「ママがやれって言うから」と言うので、さてどうしたものかと思っていたのだけど、結局、辞めてしまったんですよね。算数ドリルの時間はほんとに無駄だ。なにより数学が嫌いになってしまう。

茂木　なかなか難しいですよね。ベストプラクティスというのは、結局、言葉にできないので、感覚で身につけていくしかないんだけど、残念ながら、日本にその感覚が入ってきていないんです。

竹内　算数ドリルみたいなものをすごく速くやった子が、将来、社会で活躍するかと言ったら、それはもうないわけです。それはぼくの実感でもあるんです。

茂木　そうだよね。もうそんな時代じゃない。

竹内　世の中が変わってしまっていることにそろそろ気づかないといけませんよね。IBMがパソコン事業を中国の企業に売却したとき、みんなびっくりしたわけで

激論12時間
ここが、日本の正念場!
今そこにある危機に、
いつまで見て見ぬふりをするのか

す。情報とかサービスに転換するんだと言ってね。だからそれなんですよ。モノをつくって売りますという社会ではなくなってきているわけで、もしやるら、メチャメチャ安くつくって売るしかない。でもそれはもう先進国ではできないですよね。情報とかサービスの時代なのです。

茂木　ところがいまや「ムーク」（MOOC：Massive Open Online Course）でさえ意味がない時代になっている。

竹内　ムークというのは、ネット上で誰でも無料で受講できる講義のことですね。スタンフォードの先生が始めた「コーセラ」（Coursera）、ハーバードとＭＩＴ（マサチューセッツ工科大）がつくった「エデックス」（edX）が有名ですね。

茂木　やったことある？　ぼくはエデックスに登録だけはしたんだけれど、結局、見る気がしないんですよ。なぜかというと、ああいう講義は要らないというか、我々の立場からすると、学びということで一番大事なのは脳があるものに常にエンゲージ（engage 熱中）しているということだと思うんです。夢中になっている。その対象は、やっぱり自由な発想で、地理をやっていたんだけれど、突然、地球のコアの部分の話になってしまうとか、地震波って何だろうとか何でもいいんです。そうなるとカリキュラムという概念とか、標準化という概念から外れていってしまう。

竹内　日本は結局、標準化ということで、戦後、成功体験を持った国ですよね。それが忘れられないというか、そこから抜け出せない。

茂木　夏目漱石《なつめそうせき》なんかを読んでいると、日本に大学のできた頃ってカリキュラムもすごくいい加減なんです。それがだんだんまとまってきて戦後ずっと続いている。国語、算数、理科、社会みたいなカリキュラムができて、それで何とか網羅できると思っていたんだけれど、実際には網羅できていないし、その程度の浅い知識ではまったく役に立たない時代になってしまっている。なのにいまだに子どもたちのマインドセット（考え方の基本的な枠組）として、世の中には基礎学力というか、これだけ押さえておけばとりあえず大丈夫みたいなものがあると思い込んでいることが何より一番怖い。そんなものはないんだから。

これまで飛行機の検査は技師が一個一個のパーツをピンピン叩きながらやっていました。仮に一〇〇〇カ所チェックポイントがあったら、一〇〇〇単位の時間がかかっていた。それがいまではＩＢＭの人工知能「ワトソン」（Watson）が駐機場に止まっている飛行機と対話し、解析して、どこそこに問題がありますと教えてくれる。

前提となっているものがまったく変わってきてしまっている。時代が違うんです。だから日本の教育は、客観的に見て、もう耐用年数が過ぎちゃっているんじゃないですか。国家の体系としてガラッと変えないと、これから没落することはおそらく簡単に予想できると思います。

「人工知能って何ですか？」と聞く教育委員会

竹内　ＩＢＭのワトソンは日本航空なんかも導入していますよね。国際的な企業は、すでに世界と一緒にやっていてそれを知っているから、そういう技術も導入するし、次にどう動いていくのかなみたいなことも全部考えている。

茂木　でもスピードが違うんですよ。

竹内　スピード感は、確かにね。ただぼくが言いたいのは、一番遅いのが日本の国内でいくと教育の部分。まったく気づいていない。教育委員会に行って人工知能で社会が変わっていますと言ったら、「はっ？」という感じなんです。「何ですか、人工知能って、それが小学校教育とどう関係するんですか？」みたいな質問が返ってくる。世界が変わっていることに対して学校の先生たちの多くは何も気づいていないんです。これはすごいことですよ。厳しいなと思います。

茂木　だから竹内がやっているみたいに文科省の外でやっていくしかないんだと思いますよ。やっぱり日本におけるベストプラクティスを構築することだと思うんです。そうすると竹内のところにそのうち文科省の人がどういうふうにやっているんだろうと見学に来るかもしれない。

いままでの教育はだめだ。じゃあどういうやり方がいいんだろうかと考えたとき、さっきの最初は地理だったのに気づいたら地球の構造の話になっていたというのは、あるべきベストプラクティスの一つのモデルケースではないかと思うんですよ。もちろんそれは唯一の解ではなくて、そういうのが枝分かれして、千とか万とか無数の解がある。それをどう許容して、先生もガイダンスしつつ、グレードをつけるのだったらどうエバリュエーションするのかという、その一セットをちゃんと把握《はあく》しないといけない。

竹内　それを把握しないと、いろいろなところに広げることができない。

茂木　そう。たとえばいまアマゾンが開発した「アマゾンエコー」（Amazon Echo）というスピーカーがあるじゃないですか。プライバシーの問題があっていろいろ議論されてますけど、基本的にその部屋にいる人たちを常にモニターして文章化できるわけです。いまのところ「アレクサ」（Alexa）と言わないと起動しないようになっているんだけれど、あの技術を使うと、たとえばクラスルームに置いておけば、誰がどれくらい発言しているのか把握できるので、統計的に解析して、この授業におけるA君のコントリビューション（貢献）はどれくらいとわかる。

まじめな話、それがレビュー（評価や審査）になるという可能性だってある。カメラをいくつか置いておいたら、人の動きまで解析できるかもしれないから、プライバシーの問題に配慮しつつ、そういうテクノロジーがクラスルームに入っていく可能性だってある。おそらくそうなると思いますよ。

一つの井戸を深掘りするからこそ知識は網羅される

竹内　いまぼくらの学校で、あるホームスクールを主宰している方のお子さんにプログラミングを教えているんです。その子は小学四年で、そのプログラミングの授業のためだけに月一くらいでうちに来るんです。ほぼマンツーマンの授業なんですけど、すごくプログラミングが好きで一生懸命プログラムを書いてくるわけです。ところが行き詰まってしまう。そうすると先生が、「どうしてこの先が書けないかわかる？　それは三角関数を知らないからだよ」という話になるわけです。

それで、じゃあ三角関数って何ですかという話になって、その子はぐいぐい食いついてくる。そうするとまずピタゴラスの定理というのがあってねという話から始まって、サイン、コサインの話に入っていくわけです。それがわかってくると、いままで回転させることができなかった動きがプログラムできるようになる。次はたぶん「クォータニオン（四元数）というのがあってね」という話に進むんだと思う。小学四年生でここまでは普通教わらない。だけどその子はプログ茂木　ラミングが大好きで、「次はこう回転させたい、そのためにどうすればいいの？」というものすごいモチベーションがある。だからやるし、やれちゃうんですよ。一つのことに夢中になるのって大事だよね。これからはそれが正しいというか、一番いい教育だと思う。ひょっとしたらぼくだって小学校一年からずっとそれをやっていたら、全然違う人になっていた気がする。ぼくは小学校、中学校のとき、学校の授業とか関係なく、一人で蝶々《ちょうちょう》の研究をしてたんですよ。放っておいてほしかったな。

竹内　いまの学校教育の世界では、やっぱり機会損失はあると思う。先生がそこに介入するじゃないですか。これもやりなさい、あれもやりなさいとなってしまう。それは確かにそうなんだけれど、一つのことを夢中になってやっていくと実はその過程でいろいろなことを学ぶようになるんです。けっして一つのことだけやるわけじゃない。

茂木　たとえばおいしいコーヒーが飲みたいと思えば、よいコーヒー豆とはどんなもので、産地はどこで、ロースト（焙煎《ばいせん》）はどうしたらいいか、淹《い》れ方は水出しがいいのかドリップがいいのか、そういうことを当然考えますよね。その過程では当然、豆の産地の地理や環境について学ぶし、品種や育成方法などの生物学の知識も得られるし、ローストの技術からは化学や物理の学びだってある。豆の価格や流通からは世界の経済の動きも見えてくる。

アクティブ・ラーニングでは、そうやって一つの問題意識からさまざまな分野に関心が広がっていく。それをまた深掘りする。そうすると知識はだんだん網羅されていくんです。これはメーカーやショップの担当者がビジネスの現場でやるのと基本的に同じです。アクティブ・ラーニングは学ぶことと社会で役立つことが接近していくんです。

竹内　いまグーッとそこを掘っていても、別のところも掘るから、そんなに心配する必要はないんですよ。何となく文科省が決めた方法で万遍《まんべん》なくやらなくてはいけないと思うんだけれど、残念ながらその授業はつまらない。みんなあくびが出ちゃう。

茂木　フェイスブックのマーク・ザッカーバーグはハーバードを中退してますよね。その彼がハーバードの卒業式に招かれてスピーチをしたんだけど、これが地球温暖化とか格差の問題とかみんなが大統領になってほしいと感動するほどすごくいいスピーチだった。ザッカーバーグはオタクじゃないですか。お目当ての女の子が何を履修しているのか一発でわかるソフトとかつくってましたよね。それがフェイスブックにつながった。

すごく社会性がないように見えた人でも、やっぱりある時期に来たら家族ができたりしてバランスを取っていく。だからベーシックインカム（最低生活保障）の導入を主張するようになったりもする。彼ならテクノロジーにすごく強いから社会学者が語るベーシックインカムよりもっといいシステムを考えるかもしれない。人間はバランスを取っている。ビル・ゲイツでさえ奥さんと一緒に財団をつくって人類のためにいま活動しているじゃないですか。だからオタクで何か一つに夢中になっていたとしても、そのうちバランスって取れるんだよね。

竹内　そうそう。一つの井戸を掘り続けても、長い人生のうちに必ずバランスは取れる。だから最初からバランスばっかり考えて万遍なくやる必要はないんです。

茂木　あとぼくは漢字が書けるかどうかが学力の目安になっているというのが、どうも納得できないんですよ。ほんとうに貧しい国だと思いますね。はっきり言って漢字なんかどうでもいいじゃないですか。どなたか「云々」を「でんでん」と読んで失笑を買ってましたけど、別にどうでもいいことだと思いますけど。

竹内　正直、漢字を少し間違ったって別にそれはいいかなと思いますね。

茂木　関係ないですよね。そんなことよりも日本の一般的な方が論理的に緻密《ちみつ》にものを考える能力がないほうがよほどぼくは気になる。

竹内　だからこそ子どもたちにはプログラミング言語を学んでほしいんですよ。ロジカルでクリティカルな考え方が身につきますから。

日本の大学にスピルバーグは入れない

竹内　不登校の問題についてちょっと話したいんだけど、小学校、中学校で数万人の子どもたちが不登校になっています。これは不登校の子どもの問題というより、この国の学校のシステムそのものがもう古すぎるんです。世界に完全に乗り遅れている。だから教育ベンチャーという意味で、いまフリースクールが増えているし、ホームスクールも増えているんです。実際、ベンチャーとしての教育はたくさん出てきています。ただ文科省はそれらの存在をまったく認めないので、統計上は存在しないということになっているわけです。

茂木　存在しないの？

竹内　学校ではないと彼らは言い張るわけです。

茂木　別に文科省に認めてもらわなくてもいいよ。

竹内　そうなんですよ。だからこのままいくとたぶん文科省は取り残されていってしまうんです。前にも話しましたけど、うちの学校も最初は一条校という文科省の学校を目指したんですが、いろいろとやっているうちに、これはちょっとだめだなと。それでやめて、将来的には国際バカロレアの認定校になるつもりですが、その前にアメリカのＷＡＳＣ（Western Association of Schools and Colleges　米国西部学校大学協会）という国際的な評価団体の認証を受けようと思っています。

一条校をつくるには校庭の面積とか教室の大きさとか教員の数とか全部決まっているし、先生は全部教員免状を持った人を揃えないといけない。それをするにはものすごいお金がかかるから、なかなかできない仕組みになっているんですね。

ところがWASCのようなアメリカの認証システムだと、それなりのものが揃っていればいいんです。「校庭などありません、近くの公園で運動します」でかまわない。教室も大きな校舎である必要はなくて、賃貸しのビルのワンフロアでもきちんと教室があればいい。先生も一〇人も要らなくて、三人もいれば十分。それに生徒が五人もいれば、学校として認証のプロセスに入ってくるんです。

茂木　それはつまりベンチャーとしての学校というのは「最初はそんなもんだよね」という社会的合意があるんです。実に合理的だと思うのですが、日本にそれはない。そういう意味でほんとうに文科省はオワコンですよ。

慶應ができたときに福沢諭吉《ふくざわゆきち》さんは、実は東京帝国大学にポジションを与えるから来なさいと言われていたそうです。あの当時、慶應をはじめとするいろいろな私塾があったのですが、それに対して国が施策として東京帝国大学みたいなものをつくって、一気に私学が弱体化する時期がありました。

そのとき福沢さんにも「うちに来たほうがいいですよ」と話があった。これを福沢さんは突っぱねたわけです。早稲田などもそうだけれど、在野の精神みたいなものがあったんですね。それがいつの間にか、文科省の手にかかってなくなってしまった。補助金とか天下りシステムとか入試制度の変更とかそういうものを通じて骨抜きにされちゃったんですね。

竹内　文科省は、今度、ＡＯ入試でも学力試験を義務づけるとか言ってますよね。日本のメディアはバカだから、それを何の疑問もなく報じているでしょう。でも、考えてみたらおかしい話でしょう。なぜ各大学の入学選抜のあり方を国が一律に決めるんですか。日本人は、あるいは日本の新聞やテレビはこれが当たり前だと思っているんです。とんでもない話で、各大学でアドミッション・ポリシーを決めればいいじゃないですか。

茂木　おもしろい話があるのですが、最近、企業などでダイバーシティ（Diversity 多様性）というのがすごく話題になっているでしょう。ダイバーシティを英語で検索したら、グーグルの検索のトップ、一番最初に出てくるのは何だと思いますか。大学の入学者選考のページが出てくるのです。そこでどの一流大学も、わが大学の入学者選抜で一番大事にしているのはダイバーシティだと言うのです。

ダイバーシティとはどういうことかというと、もちろんエスニック（民族的）なダイバーシティもありますけど、たとえば学習障害の人は東大で学んではいけないんですか。俳優のトム・クルーズさん、ヴァージン・アトランティックの創業者のリチャード・ブランソンさん、映画監督のスティーヴン・スピルバーグさん——。彼らに共通するのは学習障害の一種のディスレクシアだということ。彼らはペーパーテストはできないわけです。では彼らは大学で学べないんですか。

竹内　つまり、いままでの文科省の学力検査は狭すぎるんですよね。だから能力のある肝心《かんじん》な学生のダイバーシティを確保できない。これは二一世紀のアカデミック・インスティテューション（学術研究機関）としては致命的で、完全にアウトなんです。

茂木　わかりやすい例で言うと、歌舞伎役者の市川海老蔵《いちかわえびぞう》を入れるのがハーバードのダイバーシティです。彼はよくぼくに「教科書を開けて勉強したことは一度もありません」といばるんですけど、あの演劇の台詞《せりふ》を覚えて、所作をやるわけだから、能力はものすごいわけです。要するに、市川海老蔵は英語はネイティブ並にはしゃべれないと思うけれど、彼が英語をしゃべれて、もしハーバードにいたら、どれだけ周りの学生がいろいろなことを学べるか。ハーバードの選抜基準の一つの大きなポイントは、その人がいることでいかにほかの学生にいい影響を与えられるかなんです。

竹内　似たような学生しかいなかったら何の刺激も受けません。

茂木　そう。だからダイバーシティというのは大事で、いろいろな人がいたほうがいい。ぼくと竹内だって全然性格が違う。まさにダイバーシティです。

ホームスクーリングの成績は格差との相関性がない

茂木　最近ぼくは、アクティブ・ラーニングを説明するのによく卒論の話をするんです。日本の人は、大学で卒論を書くとき、初めて自分でテーマを決めて、いろいろ調べて、一つの考え方をまとめるという経験をするじゃないですか。いまの教育は、小学校一年からそれをやるのがベストプラクティスだと思うんです。

そしてここからがすごく大事なポイントですが、実はそのアクティブ・ラーニングをしたほうが、スタンダードなテストのスコアも普通の教室での授業より上がるというエビデンス（証拠）がもう明白にあるんです。たとえばアメリカの高校生が受ける大学進学のための標準テストにＳＡＴ（大学進学適性試験）というのがありますけど、ホームスクーリングで学んでいる子どもは、このスコアが通常の学校に行っている生徒よりも一貫して高いのです。

竹内　アクティブ・ラーニングをしたら標準テストの成績が落ちるんじゃないかと危惧《きぐ》している方もいらっしゃるかもしれないけれど、全然そんなことはない。

茂木　それどころか成績は上がる。だからウィンウィンというか、どんな意味でも悪いことは何もないので、海外の教育事情にくわしい人ほどアクティブ・ラーニングに向かう。

竹内　ホームスクーリングにはほかに特筆すべき点がありますよね。

茂木　そう、ものすごくおもしろいことが二つあります。まず一つは、親の学歴と相関がない。普通の学校に通う子は、親の学歴で大学院卒、大学卒、高卒、高校も卒業していないと分けると、親の学歴が高いほど成績は良くなるのですが、ホームスクーリングをやっている家の子は、親の学歴と関係なくフラットに成績がいい。もう一つは世帯収入で見たとき、普通の学校に通う子は世帯収入が高い家の子のほうが成績はいいのですが、ホームスクーリングをやっている子は同じなのです。

竹内　つまりホームスクーリングは格差と相関性がないということですよね。

茂木　まさにそう。ではホームスクーリングの子はなぜ成績がいいのかというと、やはり自分の興味に合わせてアクティブ・ラーニングができるのが大きいと思いますね。あと他人と比較するというストレスがないし、その子の個性に応じたワン・トゥ・ワン（一対一）の教育指導ができる。そういうこともあって、いまいっせいに世界の教育のベストプラクティスはそっちのほうにワーッと行っているわけです。

「42」――誰でも入学できて授業料が無料の大学

茂木　「42」（forty-two）というプログラミングを教える大学があります。２０１３年にパリでつくられ、２０１６年にはアメリカのシリコンバレーにもできたのですが、授業料は無料で、ＳＡＴ（大学進学適性試験）の成績も問わない。けれど、そこを出た人は、フェイスブックとかアップルとかツイッターとかグーグルとか名だたるところに就職していくのです。教師はいないので、いわゆる授業はなくて、ピア・トゥ・ピア（Ｐ２Ｐ：Peer To Peer）で、ひたすらプログラミングをしている。

竹内　ピア・トゥ・ピアというのは、教師から学生への知恵の一方通行ではなく、学生が対等な立場で教え合うということですね。うちの学校でもＰ２Ｐを大事にしています。

茂木　学生たちがプログラミングをしながら、そこはこうじゃないのと教え合ったり、あとはチームを編成してプログラムを組んだりする。「42」はもともとパソコンオタクだった学生だけではなくて、世界中で大道芸をやっていた女性とか、それまでプログラミングに縁のなかった人たちがけっこう来ているんですよね。それがおもしろい。

あとミネルバ大学というのがあるんですが、これはいま全米で一番入るのが難しいと言われている大学で、合格率が一・何%しかない。超難関のエリート大学です。この大学はサンフランシスコのオフィス街の一角にあるんですけど、キャンパスを持たず、学生は寮で共同生活をしているだけ。講堂も教室もない。授業はすべてオンラインで、教授陣は世界中のトップの人たちを抱えている。学生は一年間サンフランシスコの寮で共同生活を送り、そのあとは半年ごとに六つの都市（ロンドン、ベルリン、ハイデラバード、ソウル、台北、ブエノスアイレス）の寮を渡り歩いて、経験や人脈を増やす。

竹内　オンライン授業だからできることですよね。

茂木　日本で加計学園の問題が騒がれたけれど、あれは安倍《あべ》さんが関与したかどうかというのは実はあまり本質ではなくて、あそこにあるものすごく典型的なマインドセットは、「国が教育内容を標準化して、お墨付きを与える。そのお墨付きを与えた学校に対して補助金を出す」という日本の教育の基本的な流れです。竹内の学校は一条校になっていないから補助金なんて来ないわけです。でも、いま世界の教育で起こっていることは国なんてまったく関係ないのです。ところで、「42」はなぜそうネーミングにしたか知ってる？

竹内　いや、知らない。

茂木　ヒッチハイカーズ……。

竹内　ああ、わかった。「42」というのは宇宙の秘密の数字だ。

茂木　そうそう。『ザ・ヒッチハイカーズ・ガイド・トゥ・ザ・ギャラクシー』（原題：The Hitchhiker's Guide to the Galaxy　邦題『銀河ヒッチハイク・ガイド』）。もともとはラジオドラマで、それを基に小説化され、ドラマや映画にもなったスラップスティックＳＦの傑作で、作中、「生命、宇宙、そして万物についての究極の疑問の答え」を問われたスーパーコンピュータが七五〇万年かけて計算した答えが「42」だったんですよね。

くわしくは小説を読むなり、ＤＶＤで映画を見るなりしてほしいんですけど、

竹内　「42」やミネルバ大学を見ればわかるように、カリキュラムの内容なんか自分たちで勝手に決めていいでしょうというのがいまの世界の教育の最先端なんです。日本では学生も親御さんも就職がどうのこうのと言って、やっぱりいい大学に行かなきゃと言うけれど、そのモノサシは結局、偏差値なんですよね。

茂木　アクティブ・ラーニングの極致とも言える「42」は、そうした日本における教育の価値観とは対極にありますよね。

茂木　まさにそう。でも就職先は時代の最先端を行く世界的な超優良企業ばかりです。時代の最先端を行く企業がほしいのは、「42」みたいな大学で学んだ学生なのです。

東大もハーバードも要らない時代

茂木　ぼくは東大の悪口をさんざん言ってきたけれど、最近やめたんです。それは「42」とかミネルバ大学とか最先端の大学を見ていると、もう東大なんかどうでもいいというか、興味がなくなってきたんですよね。そもそも「42」とか見ていると大学教育自体が最先端ではイレレバント（irrelevant 的外れ）な感じになっている。ハーバードでさえ別に要らないんじゃないか思う。試験をして、レポートを書いて、ＧＰＡ（Grade Point Average 成績評価値）のグレードをもらうとか、もはやこういうの要らなくないですか。

竹内　無駄なことが多いんでしょうね。

茂木　要らない感じがするよね。

竹内　そう。すっ飛ばしちゃっていいんじゃない？

茂木　レガシー（legacy 時代遅れ）になっちゃっているという感じなんです。だからハーバードでさえ要らないのなら、ましてや東大なんてという感じかな。

竹内　同じかどうかわからないけれど、たとえば昔はすごい時間をかけてそろばんに熟達しないと商売をやったりする人もだめだったみたいなのがあるじゃないですか。それにかけた時間はすごかった。それをいまはすっ飛ばしちゃって、まったくゼロでもいいわけです。計算なんてパソコンがやってくれるから。そういうふうに社会は変わっていくので、過去にはすごく大切だった技能もいまは別にそうではない。そのためにかける時間は無駄だからすっ飛ばしていい。大学もすっ飛ばしていいのかもしれない。

茂木　ソフトバンクが買収したボストン・ダイナミクスは、ロボットの研究開発を手がける最先端企業です。ところがグーグル・スカラーで調べたんだけれど、論文が一個も出てこない。だからロボット工学の最先端の研究者たちが何をやっているのかわからない。ハーバードなどと共同開発した四足歩行ロボットの「ビッグドッグ」（BigDog）なんてすさまじい技術ですよね。でもベールに包まれていることが少なくない。それがいまのイノベーションというか、R＆D（Research and Development 研究開発）の特徴です。

関連した話で言えば、ブロックチェーンなんかもそうですよね。紙数の関係上、くわしい技術的な話には踏み込みませんが、仮想通貨のビットコインを支える技術と言えば何となくイメージできるのではないでしょうか。ビットコインの原理を考えたのはサトシ・ナカモトなる人物ですが、いまだに正体はわかっていない。

だけどあれは、実はわからなくしているすごく根本的な理由がある。ビットコインは採掘（マイニング）と言って、ビットコインの取引承認の際に必要な計算処理を手伝ってあげると、その報酬としてビットコインを新規発行してもらえるんですね。サトシ・ナカモトはその仕組みを提案し、それでみんながビットコインを採掘したわけです。この採掘は初期の頃ほど計算がそれほど大変ではなくて、サトシ・ナカモトはどうもすごい額のビットコインを採掘したらしいんです。

竹内　それはそうだよね、パイオニアで自分が提案したわけだから。

茂木　匿名でいなくてはいけない理由があるというのはそういうことで、バレるといろいろまずいのではないかと言われてるんですよね。それはともかくいまイノベーションはそういう時代になっていて、ビットコインの話はその意味ですごく本質的だと思うんです。

サトシ・ナカモトは二〇〇八年からビットコインに関する論文をネット上に発表し始めたんですけど、別にピア・レビュー（査読）された論文じゃないわけですよ。それでも翌年、ビットコインのソフトウェアを発表し、こういうのをやろうよと言ったら、瞬《またた》く間にネットの世界で広がっていった。すごくないですか。そういうことがこれからどんどん増えていくと思うんです。我々が想像している以上にすさまじい時代なのです。だから学校の教育はレガシーなんです。

「勉強しなさい」ではなく勉強したくなる環境を

竹内　先日ある人から、これからの時代、プログラミングは必要みたいだから、教室に子どもを通わせようと思うのだけれど、子どもにやりなさいと言うからには、親もやったほうがいいんですか、と聞かれたんですね。

茂木　子どもにやらせるなら親もやらないとまずいんじゃないかと。

竹内　そう。でも、それは前提が少しおかしいと思うんですよ。基本的に勉強は「やりなさい」と言ってやらせるものではないです。子どもは楽しいと思えば、自分からいろいろ選んで進んで勉強します。だからそういった環境を与えてあげることが何より大事で、そうすれば子どもは自然に勉強するはずです。

　もちろん勉強が大嫌いな子はいるので、そういう子はたぶん全然別なことをやればいいんです。芸術に行くとかスポーツのほうに行くとかいろいろとある。ただ、普通に勉強が好きな子というのは、たぶんおもしろいからやっていると思うんですね。勉強しろと言われたことはないでしょう。ある？

茂木　いや、いま一生懸命に思い出しているんですけど、人生でレアなイベントってあまり記憶が……、たとえば「格好いい」と言われることはすごくレアなイベントなわけ。それと同じで、「勉強しろ」と言われたことは、うーん、思い出せないな。

竹内　記憶にない。

茂木　うん、あまりにもレアなイベント。「デブ」とかはよく言われるけど、勉強は確かに言われたことはないかな。

竹内　勉強というのは本来おもしろいもので、そのおもしろさを伝えてあげれば子どもは自然と勉強するはずなんです。たとえばうちの学校の場合、休み時間になると、子どもたちは「休み時間、要らない」と言いますよ。授業がおもしろいから、ずっとやっていたいんです。だから家庭でも勉強はおもしろいんだということを教えてあげれば、たぶん子どもは普通に勉強を始めると思います。あとはそれをちょっと応援してあげる態勢ですね。勉強したくなるような環境をどう整備するかという話になると思います。

茂木　世のお母さん方にぜひ伝えたいのは、子どもが勉強しないで遊んでいたら、「勉強しなさい」と言うのではなくて、そのときに自分が感じていることを素直に自分の言葉で伝えてほしいんです。

たとえば、「お母さんは、あなたがゲームに夢中になっているのを見ると、あなたが将来何かをやりたいと思ったときに、学校の成績が悪かったり、行きたい学校にも行けなかったりして、行く道が狭まってしまうのではないかと心配なの」と。そうやって自分の思っていること、感じていることを素直に伝えることが一番の教育効果なんです。あとは子どもが考えます。

第3章

英語とプログラミング、どう身につける？

「お笑い」で知る、英語を学ぶほんとうの意味

竹内　ちょっと英語の話をしましょうか。

茂木　ぼくは地上波テレビを一秒も見ない。ほんとうに見ないんです。なぜかというと、たとえばウディ・アレンの映画だけでもすごくいい作品がいっぱいあって『ハンナとその姉妹』はもう一回見なくてはいけないし、新しい映画も見ないといけない。今日は『メッセージ』というアメリカのSF映画を見に行ったんだけれどすごくよかった。BBC制作の『シャーロック』も見なくちゃいけない。だから忙しいんです。

　そう考えたら、英語を学ぶというよりは、英語でしかアクセスできないコンテンツというのはいっぱいあるわけです。ヘミングウェイの小説だって読んでいないのはたくさんある、『海流のなかの島々』とかはまだ読んでいない。そう考えたら忙しくないですか。そう思うだけで英語は普通にやるでしょう。三時間はやらないかもしれないけれど、一時間くらいはやっても損はしない。

竹内　英語を一日一時間、たぶん楽しいからやるんじゃない。

茂木　好きなら何でもいいんです。ジャスティン・ビーバーの曲だっていい。

竹内　一日一時間を毎日続けたら、三〇歳のときにはきちんとしゃべれますよね。

茂木　しゃべれるし、世界が広がる。それに英語はアティテュード（態度、姿勢）なんです。たとえば、少し前にぼくがお笑い芸人の方々とちょっと一戦を交えたじゃないですか。

竹内　トランプやバノンは無茶苦茶だけど、アメリカのコメディアンたちは徹底抗戦している。だけど、日本のお笑い芸人たちにはそうした権力者に批評の目を向けた笑いは皆無で、大物とか言われている人たちも国際水準のコメディアンとはかけ離れているし、ほんとうに「終わっている」——。茂木がツイッターでそう言って大炎上しちゃった。

茂木　あの騒動は、ぼくが詫《わ》びを入れて終わったんですけれど、やはり最後までわかってもらえなかったですね。英語のスタンダップコメディの感覚は日本にもあるだろうとか言うんですよ。たとえば、金正恩《キムジョンウン》がテポドンのミサイルの発射をやっているというのをお笑い芸人が真似している、こういうのを日本でも地上波のテレビでやっていますよというのをツイッターなどで知らせてくれる人もいる。けれども、ものまねとは違うんです。

これはあまりにもディープな話なんで、地上波テレビでは言えなかったんだけれど、アメリカのコメディアンの一番重要な役割は何かというと、ものごとを理解させることなんです。先ほど竹内が加計学園の話で、あれは文科省が許認可の権限があるから何かリークをしたんじゃないかと指摘したよね。それはあの構図の一つの理解になるじゃない。それをアメリカのコメディアンは言うんです。笑わせるだけでなく、重要なのは事象をより深く理解させることなんです。

これは脳科学的には「メタ認知」と言います。メタ認知というのは、客観的に外から見ること。つまり笑いを通して事象をより深く理解できるようにするのがアメリカのコメディアンの役割なんです。それは日本の笑いの文化のなかにはないんだけれど、いくら言ってもわかってもらえない。結局、英語に触れていることとの意味というのは、そういう感覚を身につけるということで、これがわかったら一生の宝物なんです。

竹内　ものごとには裏がありますよね。ところが日本のテレビではそれは言えない部分なんです。たとえばテレビの打ち合わせのときには言っているんですよ。「本当はこういう構図なんだよね。だからリークしたんだよ」って。でも、それは放送の本番になったら言わない。全部カットするんです。

そこでコメディアンの方が、そのカットされた部分をあえて言う。笑いに乗せてテレビや文科省や内閣府も風刺する。そういうことができれば、日本の視聴者も笑いながら事の真相、カラクリを理解できるじゃないですか。でもいまの日本のメディアはそれを言わないし、たぶんコメディアンの方もそういったところには立ち入らないんじゃないですか。

茂木　そういう文化がないんだよね。でも、たとえば文科省の悪口は言わない、地上波テレビの悪口も言わない、そのままずっと行くと結局みんなが不幸になるんです。学校の質も悪くなるし、テレビ番組の質も悪くなる、当然、人材も劣化するから外国にはまったく相手にされなくなる。そうすると日本国民全体が不幸になる。

不幸の連鎖を断ち切るには、きちんとメタ認知して、笑いで世の中のカラクリを解きほぐして、ちゃんと理解できるようにしないといけない。そうでないといいものもつくれないですよ。日本映画なんて悲惨なものじゃないですか。アイドルが出た映画なんかも予告編を見ただけで、これ、終わってるなとわかるものがあるでしょう。いくらテレビ局が必死に宣伝しても、質が悪かったら見る人はいません。

学んだ記憶は一生消えない

竹内　一〇歳前後の帰国子女は英語を使わないとすぐに忘れるけど、それよりあとに学んだ英語は一生忘れないというのはほんとう?――。先日そんな質問を受けました。ぼくは忘れちゃうほうだったのだけれど、これは半分正しくて、半分正しくないと思う。

ぼくは一〇歳前後のときアメリカに一年半いました。でも帰国後は英語なんて使わないから出てこなくなってしまうんです。カナダのモントリオールにある英語系のマギル大学大学院に進んだときも最初はぜんぜん聴き取れない。ああ、やっぱり忘れちゃったんだなと思いました。

ところが一カ月ほどしたある朝、学校に行ってみたら全部聴き取れるんです。びっくりしました。一カ月の間、英語の環境にどっぷりつかって英語のシャワーを浴び続けたら、ある朝突然、一〇歳前後に身につけた英語が記憶のなかから一気に溢《あふ》れ出した、そんな感じでした。だから完全に忘れてしまったわけではなく、記憶のどこかにしまわれていたのかなと思うんです。脳科学的にこういうことはあるんですか。

茂木　二つ指摘したいと思います。まず一つは前にも話したサイレント・ピリオドです。外国語学習においてはまるで進歩がないように見える時期があるのだけれど、実はその間に脳の神経回路網の変化が蓄積されていて、それがある閾値《いきち》を超えたときに一気に開花するんです。竹内のマギル大学での経験はその期間が一カ月だったわけです。外国語学習ではこの時期がすごく大事で、上達しないからとそこであきらめないことですよね。そのときにサイレント・ピリオドというものがあるんだという知識があると、「大丈夫なんだ」と思えるでしょう。そこがすごく大事だと思いますね。

竹内　数学とかもやはりそういうところはあるでしょう。

茂木　ああ、あるね。

竹内　いろいろな数学の概念がわからない、もうだめだと思うけれど、ずっとやり続けていると、あるとき、「あ、わかった」という日が来るわけです。

茂木　「一万時間の法則」というのがあるじゃないですか。だいたい一万時間やると、その分野のエキスパートになれるという。一万時間というのは一日三時間で一〇年ということになるんですけれど、一日三時間一〇年やったら、どんな人だって

竹内　英語はできます。

茂木　まさに継続は力なんですよね。

竹内　指摘したいことのもう一つ。記憶というのは基本的に消えないと考えられているんです。だからたとえば一〇歳までにアメリカで英語を習得して日本へ帰国し、そのあとぜんぜん英語を使わないから英語は話せないように見えている場合でも、実際には脳の回路の記憶としては痕跡《こんせき》が残っていて、そこにアクセスする方法が見つかっていないだけなんです。宝が埋蔵《まいぞう》しているような状態です。

茂木　それがまたぼくのように英語を使う環境に置かれて、そこにアクセスしろというプレッシャーが入ってくると、その記憶が蘇《よみがえ》ってくる。

竹内　そう。前頭葉の引き出す回路と、側頭連合野のそういう記憶が蓄え合っている回路のところにバイパスができ始める。それで一気に英語ができるようになるわけです。

いますぐ始められない人は永遠にできない

竹内　よく英語が身につくのは何歳までとか、何歳までに始めないと身につかないなどと言いますけど、この種の議論についてはどう思いますか。

茂木　その答えは簡単で、「いまです」。つまり何歳になっても、いまが英語を始めるのに一番いい時期で、「いまやらないでいつやるの？」という話です。英語学習は何歳でやっても無駄になることはありません。だけど日本人は、絶対音感なんかもそうなんですけれど、変な信仰を持ってしまうんです。

竹内　絶対音感は五歳までに音感訓練をしないと身につかないとか。

茂木　そう。プロの音楽家でも絶対音感を持たない人はいくらでもいるし、逆に絶対音感を持っていてもたいした音楽を書けない人もたくさんいる。なのに絶対音感が音楽家へのパスポートだと思ってしまう人が多いんですよね。同じように英語も、いわゆるネイティブの人たちと同じようにしゃべるには、幼児期に始めないとダメだみたいなことを訳《わけ》知り顔に言う人がいるんですけれど、そんなのまったくのうそですから。

これは明確な反例がありまして、ジョセフ・コンラッドというイギリスで活躍した作家は二〇歳を過ぎて初めて英語に接したのです。彼はロシア生まれのポーランド育ちで、一〇代の半ばにフランス商船の船員となり、二〇代初めにイギリスの船に乗るようになった。ロンドンのお国なまりの英語を初めて聞いたのはこのときで、それから彼は英語という言語を学び、三〇代の半ばには英語で小説を書いた。

竹内　英語で小説を書くのは英語学者でも一番ハードルが高い英語の能力で、しかも彼は英文学上でたんに外国出身で英語でも小説を書いた人として評価されているのではなくて、英文学の歴史上、独自の英語表現を完成させた人として記憶されている。彼の代表作は『闇の奥』(Heart of Darkness) というんですけれど、これがフランシス・コッポラによって『地獄の黙示録』という映画になりました。

茂木　コンラッドの『闇の奥』は、スコット・フィッツジェラルドの『グレート・ギャツビー』(The Great Gatsby) やジョージ・オーウェルの『１９８４年』(Nineteen Eighty-Four) などにも影響を与えたとされていますよね。

竹内　だから何歳で英語を始めないとダメみたいな話はほんとうにナンセンスです。この手の話に科学的なエビデンスはありません。だから始めるなら「いまです」。子どもが三歳だったらいまやれ、五歳だったらいまやれ、一五歳だったらいまやれです。父兄も一緒。二三歳だったらいまやれ、三五歳だったらいまやれ、七〇歳でもいまやれでしょう。

竹内　四の五の言わずに「いまやれ」と。これは何も英語に限った話ではないですよね。何かをやろうと思ったら、いますぐ始める。それができない人は永遠にできません。

茂木　そういうことです。

英語の早期教育は日本語力に影響を与えるか

茂木　英語を始めるなら「いま」で、ちょっと英語の早期教育について聞きたい。小さいうちに始めたほうがおぼえが早いし、発音もよくなるけれど、一方で母語である日本語の習熟度の低下につながるのではと心配する声もあるよね。これについてはどう思う？

竹内　えーっと、それはつまりぼくの日本語が少々あやしいという話かな？

茂木　ちょっと待って。ボケなくていいから。君の日本語は完璧です。

竹内　冗談はさておき、日本語の習熟度ということで言うと、確かにバイリンガル教育をやると難しい面があります。英語と比べても日本語はすごく大変です。文字もひらがなをやって、カタカナをやって、漢字をやるでしょう。これはなかなか大変なんですよ。だから時間的な制約があるので、試験をするると、あるときまで確かにバイリンガルの子どもは国語の試験の点数がちょっと低いというのはあるんです。でもこれは時間が経って、中学、高校になっていくにしたがって解消されます。

茂木　そういった研究結果はたくさん発表されていますよね。

竹内　ただ、焦ってしまうんです。たとえば小学三年生の時点で国語の試験をします。するとバイリンガルの子どものほうが国語の点数が低い。それでヤバイと思ってしまうんだけれど、ちょっとそれを我慢してもらって、中学、高校までちゃんとやっていけば英語の力もつくし、国語の力もつきます。もちろんそれはきちんとした国語教育をやらなくてはいけないというのが前提ではありますが、いずれにしろ小学校でアメリカに渡り、英語漬けになった私が、いまこうしてちゃんと日本語を話しているわけだから、それを一つの証拠と思ってもらえばいいのかなと思います。

茂木　発音については？

竹内　この本の最初のほうで英語を話す一七億五〇〇〇万人のうち八割の人が実は母語ではないという話をしました。母語としての英語には実はたくさんなまりがあります。ましてや母語ではない八割の方たちは、ドイツなまりであったり、フィリピンなまりであったり、インドなまりであったり、中国なまりであったりと、みなさん母語の影響を受けたなまりがある。それが当たり前で、日本人は日本なまりで話せばいいんです。

茂木　ところが日本ではここにも変な信仰があって、ネイティブと同じ発音をしなくてはいけない、それには早期教育で早く英語を始めないといけないと言うんだけれど、そもそもそのネイティブっていうのはどこの誰をさしてるの？　テキサスの人？　ニューヨークの人？

竹内　生粋《きっすい》のニューヨーカーと言えば、ドナルド・トランプ。彼の英語はちょっと問題がありまして、あまり真似をしてほしくない。

茂木　それもあるけれど、イギリス人はアメリカ人が英語をしゃべっているとは思ってないですからね。イギリスのオックスブリッジ（オックスフォードとケンブリッジの併称）の人は、アメリカ人がしゃべっているのは英語じゃないと思っているから。それでニュージーランドに行くとさらに発音が違って、オーストラリアよりもなまりがある。

　ぼくが一番笑ったのは、あるときツイッター上でぼくと絡《から》んでいた人が、マララ・ユスフザイさんがニューヨークの国連本部で「すべての子どもに教育を受ける権利の実現を」と訴えたあの素晴らしいスピーチ、「ワン・チャイルド」――One child, one teacher, one pen and one book can change the world. 一人の子ども、一人の教師、一本のペン、そして一冊の本、それで世界を変えられます――をくさして、LとRの区別ができてないって言ったこと。

マララさんのスピーチを聞いて注目するのはそこじゃないでしょう。はっきり言って、英語がペラペラで、いわゆるアメリカン・ネイティブの発音ができても、頭がからっぽで中身が何もない人より、パキスタンなまりのマララさんのほうがよっぽどいいじゃないですか。LとRの区別なんてどうでもいいんだよ。おかしいよ、日本人の英語の感覚は。

竹内　日本人には変な劣等感、苦手意識があるんです。それを払拭して自由に、自分なりに使えるようになればいいんで、そこまで行ってほしいなと思いますね、ほんとうに。

教養がないと英語でおもしろい雑談はできない

竹内　学校教育では会話を中心にした英語が重視されつつあります。これまで日本の英語教育は、教科書を使って読むことしかできなかったから、そればっかりやってきたんですね。その結果、しゃべれなくなってしまった。だからいましゃべろうとしているわけで、それ自体はたぶんいいことだと思うんです。ただし、しゃべれるんだけれど、今度は読めません、書けませんでは困るから、当然、バランスが必要になる。どう思います？

茂木　会話と言った場合、どういうものを想定しているかじゃないですか。たとえば、おもしろい会話をしようと思ったら本を読んでいないとできないですからね。ハーバードを出て、金融でものすごく儲《もう》けて、いまは悠々自適で、何億円もする家が都内に二軒あるという人と前にパーティで話したことがあるんです。この人と話すのは楽しかった。ハーバードの図書館には谷崎《たにざき》潤一郎《じゅんいちろう》の随筆『陰翳礼讃《いんえいらいさん》』の日本語版などが置いてあって読んでいたそうです。そういう人じゃないとほんとうにおもしろい会話はできないわけで、会話重視ということの理解が浅すぎるというか、会話ってものすごく深いものなんです。

竹内　茂木はＴＯＥＩＣ否定論者だけれど、それとも関係する話でしょうか。

茂木　いいところを突いてくれました。まさにそうで、ぼくが何でＴＯＥＩＣを撲滅したいと思っているかというと、あのＴＯＥＩＣでテストされている英語の内容が、あまりにもスーパーフィシャル（superficial うわべだけ）で、日本人を三流の英語の話者にするための陰謀だとしか思えない。

竹内　そこまで言いますか。

茂木　だってほんとうにくだらないよ。すごい誤解があるんだけれど、ビジネスの現場でも、やっぱり魅力的な人というのは、深い教養に裏づけられた雑談ができる人であって、そうじゃないと相手に信用されないわけですよ。ＴＯＥＩＣの問題文のような英語を話したって、砂漠のなかを歩いているような無味乾燥なレベルの会話しかできない。ほんとうにＴＯＥＩＣは百害あって一利なしで、明日この地球上から消えてもかまわない。

竹内　つまりおもしろい会話をしようと思ったら深い教養を身につけるべきだと。

茂木　そう。いくらＴＯＥＩＣの点数がよくても、本をたくさん読んでなかったら英語でおもしろい会話はできません。それをわかっていない人が多い。

ＡＩ翻訳が生まれたら英語の勉強は不要か

竹内　ＡＩの発達で最近よく聞かれるのが、今後、精度の高い自動翻訳が当たり前になったら英語なんて学ばなくてもいいんじゃないですか、という質問。

茂木　確かにいま英語の自動翻訳はどんどんよくなってるよね。

竹内　今後はさらに精度が上がって、ＡＩ翻訳はものすごく使えるようになると思います。それなら外国語なんて学ぶ必要はないのかと言うと、それはやっぱり違うわけで、異なる文化を知るのはビジネスを行ううえでとても重要だし、そのために外国語を学ぶのは最も基本的なことですよね。そして外国語を学び、他の文化を知ることで自分が成長したり、変わったりできる。機械がやってくれるから、もうやらなくていいんだと言って勉強しなくなると、たぶん人間は何もやらなくなって、そのうちばかになってしまうと思う。

茂木　「グーグル効果」というのがあります。ある情報が与えられたときに、あとでそれはグーグルで検索できますということを副次情報として与えておくと、のちに記憶テストをすると記憶の定着率が悪いことがわかっています。グーグルで調べればわかると思うから、おぼえようとしないんです。

いま速く走るものっていっぱいありますよね。それこそ自動車もあるし、飛行機もあるし、アメリカの実業家のイーロン・マスクがやろうとしている「ハイパーループ」というのもある。これは減圧された真空のチューブ内を時速一〇〇〇

kmの高速で列車を走らせるというものです。じゃあサニブラウン・アブデル・ハキーム君みたいに一〇〇mを速く走れる人は意味がないかというともちろんそんなことはない。ウサイン・ボルトが走るのを見て世界中の人が感動するわけです。

ぼくは走るのが好きで、来月またマラソンに出るんですけど、四二・一九五kmなんて車で走ったらあっという間ですよ。ではなぜ走るのかと言ったら、生身の人間が走るということに意味があるわけでしょう。外国語だって同じですよ。機械任せではなく生身の人間がやるからこそ、竹内が言ったように異なる文化の理解だとか、自分自身が変わっていく喜びがある。

竹内　ぼくが英語をやっていて正直よかったと思うのは、日本語と英語の二つの見方で世界を見られることです。ぼくは小林秀雄《こばやしひでお》も本居宣長《もとおりのりなが》も夏目漱石も好きで日本語で読んでいます。英語でも読んでいます。これはダブルトラックで世界を見ているということで、ぼくはずいぶん得をしています。

それは翻訳ではできませんよね。自分で英語をおぼえたからこそできることです。

茂木　すでにいまの時点で人間と人工知能の将棋と囲碁における勝負はついています。

竹内

最新の人工知能と将棋のトップ棋士が対戦したら、人工知能の圧勝で、人間の棋士の勝率はある専門家の予想では一%以下です。人間と人工知能との勝負はもうついている、終わっているんです。じゃあ、将棋とか囲碁が意味がないのかというと、そうではなくて、何のアシストもなしに盤面に向き合って、どっちが強いかというスポーツとしての将棋とか囲碁はこれからも残るわけで、ぼくは英語はそういうイメージでとらえたほうがいいように思いますね。

この間ちょっと青森に出張に行ってきました。地元の放送局の番組で、ぼくは先生役でした。台本を見たら、いろいろな情報が書いてあるんだけど、そこに「出典チェックできませんでした」と放送作家が書いている。えっと思った。それで「じゃあこれどうするの？」と聞いたら、「出典チェックができないなら、この部分はカットですね」と言うから、ぼくはすぐにｉＰａｄで検索したわけです。そしたらすぐにヒットして出典が出てきた。「ほら、これだよ」と言ったら、「ええっ」と驚いてるんです。出典は英語だったんです。放送作家は日本語で検索したから出てこなかった。ぼくは英語で検索したから一発で出てきた。そういう世界だから、英語というのはやっておいて損はないんですよ。

茂木式英語勉強法

竹内　ぼくは子どもの頃に親の仕事の関係でアメリカに行って否応なく英語を学ばざるを得なかったわけだけれど、茂木はどうやって英語をおぼえたんですか？

茂木　おそらく日本の英語教育じゃないのがよかったんじゃないですか。高校のときにペーパーバックを三〇冊くらい読んで、大学のときに英検一級とか国連英検特A級とか当時の英語検定で一番いいのは取ったんですよ。ただ最近いろいろ聞くと、それでもやはり日本で中学校から始めたやつにすぎないという感じかな。

前にも話したように、ハーバードなどのアイビーリーグに行く英語力の目安は小学校六年生で英検一級程度ということなので、ぼくはおそらくそれに比べると六年遅れていた。それからボキャブラリーサイズで言うと大学入試のそれは六〇〇〇くらいでしょう。ぼくは最近測定して二万五〇〇〇くらいなので、ネイティブスピーカーの最下限くらいなんです。ネイティブスピーカーは二万五〇〇〇から三万五〇〇〇くらいです。なるべく定量的に英語力を把握する必要はあると思う。

あと留学信仰やネイティブスピーカー信仰があるけれど、それがいかにおかしなことであるかは、先ほども話したマララさんの素晴らしいスピーチを見れば明らかなわけで、LとRの発音が逆になっていることなんてどうでもいいんです。英語はあくまでも道具なので、ネイティブスピーカーのように話すこと自体には何の意味もないわけです。まあ、何の意味もないと言うと失礼で、少しは意味があるけれど、そんなに大した意味はない。だからとにかく日本の英語教育のことは忘れて、徹底的に使うことではないですかね。

竹内　ぼくはいつも感じるんですけど、フランス人で日本に来ている人のなかには英語をしゃべれる人も多いですが、完璧なフランス語なまりですよ。

茂木　あれはひどいよね。ほんとうに聴き取りにくい。

竹内　そう。でも平気なんです。だからそれと同じような感覚で、日本人も日本語なまりで英語でしゃべって堂々とやればいいだけの話です。たぶん堂々とさせない何かが日本の英語教育であるのかなと思う。

茂木　それはだから文科省の陰謀です。「お前ら、英語がしゃべれないんだから日本にいたほうがいいよ」と。

竹内　そんな、まさか。

茂木　それはそうと、英語の一般向けの本を九月にロンドンの出版社から出すことになりました。

竹内　おー、それはおめでとうございます！

茂木　随分《ずいぶん》と苦労したけれども、一応、書き終わった。一冊書いてみたら、何とかなるものだなあと思いました。書きたいという話は三〇代からずっと言ってたからね、五四歳になってやっとかなった。でもそれも結局、ずっとしつこく英語を学び続けてきたから。でも、ＴＯＥＩＣとかＴＯＥＦＬとかの勉強をしても英語の本は書けない。

ぼくがＴＯＥＩＣを批判すると、「いや、ＴＯＥＩＣは大事だ」と言う人がいるけれど、あのテストの勉強をすればするほど英語が嫌いになると思う。ほんとうに英文がつまらない。たとえばこの絵を説明するのに一番いい英文は何かで、「コピー機の近くに人がいる」とか、あんなどうでもいいことはない。ビジネスの現場ではもっと違うことが求められています。

だからＴＯＥＩＣの英語テストは日本人を二流以下の海外企業に押し込めようというアメリカの教育試験サービス（Educational Testing Service、ETS）の陰謀なんじゃないかと思うんですよ。あんなくだらない英語をしゃべっていたら、ばかにされるだけです。もっと中身がないと。だからＴＯＥＩＣに日本人が費やしている膨大な時間はほんとうに無駄だと思う。それはまったく無視していい。だからＴＥＤのビデオを見て、ニューヨーク・タイムズの記事を読んで、「ニューヨーカー」を読んで、あとは自分の好きな小説、たとえばカート・ヴォネガットでも誰でもいいから読むようにすればいいんです。

竹内　レイモンド・チャンドラーとかね。

茂木　そう。英語の勉強はそれでもう十分。ＴＯＥＩＣとか一切受ける必要なし。これが結論です。

竹内　だから英語も結局、楽しくないとだめなんです。というかほんとうは楽しいはずなんです。もし英語が苦しいと思ったら、その英語の勉強のしかたは間違っていると思います。

英語は学校を当てにしないで自分でやる

竹内　日本では中学で三年間、高校で三年間英語を学んでもほとんど話せないし、使えない。なぜですか――。こういう問いの設定って多いじゃないですか。

茂木　多いですね。実によくあるパターンですね。

竹内　その答えははっきりしていて英語を使う環境がないからですよ。たとえば楽典を全部教えて、楽譜の読み方を延々と教えてもピアノは弾けるようにはならない。まずピアノを弾かないとだめです。ピアノを弾きつつ楽典の知識やコードの知識を教えていく必要があるわけで、ピアノを弾くことが重要なのです。英語もそうで、まず使うことが重要なんですね。だから英語を使う環境があって、そこに文法や単語を教えてあげる必要があるわけで、最初に文法や単語をいくら教えてあげてもしゃべれるようにはならないのです。

その原因もやはりはっきりしていて、それは学校の英語の先生が英語をしゃべれないからです。これはほんとうにどうしようもないんです。文科省もそれをわかっているから、外国からネイティブのアシスタント・ランゲージ・ティーチャーを引っ張ってくるんですが、前にも話したように玉石混淆でいい加減な先生も多い。だから結局、先生がきちんと英語ができて、好きで、子どもと一緒に英語を学ぶ環境がつくれない限り、日本の子どもたちは英語の使い手、プレイヤーにはなれないです。いまの日本の学校には、残念ながらその環境はない。

茂木　だから、日本の学校なんか当てにしないで、勝手にやればいいいんですよ。

竹内　そう。英語を話せるようになろうと思ったら、それが一番いい。いまの学校には期待しないことです。だからぼくも自分で学校をつくったんだから。

茂木　そうだよね。だから学校は関係ないです。文科省も関係ないです。勝手にやればいいんです。それにしてもなぜ「いまの日本の学校教育では英語が話せるようにならないのか」という問題の設定をするんだろう。それって結局、何か文科省に期待しているわけでしょう、教育改革をするんじゃないかとか。そんなの無駄だから、最初から期待しなければいいんです。問題の設定が間違っていますよ。

　それから、話せるようになると言っても、何をもってそう言うかですよね。英語はペラペラで頭は空《から》っぽというのはいくらでもいますから。英語をしゃべるということはアティテュードなんですよね。これがなかなか伝わらないんですね。だからそれにはまずしっかり日本語で考えることが必要なわけですね。

竹内　まさにそれですよ。

茂木　しっかり日本語で考えられる子どもが、その考えを英語で表現できればいいわけじゃないですか。

竹内　言語学的には英語も日本語もどちらが優れているということはまったくないわけです。世の中には数千の言語があり、それらは全部イクイバレント（equivalent 等

竹内

価）で、しかもグーグル翻訳などがこれからどんどん対応言語を増やすだろうから、我々はもっといろいろな言語を日常的に見るようになると思います。だから英語第一主義で言っているわけではなくて、英語ができるだけでその人はちょっとすごいみたいな風潮にはぼくは大反対です。それはまったく意味がない。それは日本における大きな勘違いで、英語がペラペラだからって別に人間まで優れているわけではないですからね。もちろん優れた人もいるけれど、そんな人ばかりではない。そもそもアメリカ人はみんな英語をしゃべっているわけです。アメリカの子どももみんなしゃべっている。英語ができること自体は別に偉くも何ともないわけです。大事なのは自分のしっかりした考え方を持つことで、それを世界中の人たちとコミュニケーションするために英語を使う。

あと、現状ではインターネット上の英語の情報量はものすごく大きいんです。だから日本語だけの情報しか分析できないと差がついてしまうので、英語の情報を活用できることは重要です。ただ、その根本には日本語でしっかりと考えられるということがあるわけで、そこを履き違えるとだめです。だから一番いけないパターンは英語だけの学習にしてしまうことです。そうすると日本語がきちんとできないじゃないですか。考える言語である日本語がおろそかになってしまう。

それは避けないとだめです。

プログラミング言語は何を学ぶべきか

竹内　最近は小さい子どもを持つ親御さんからプログラミング言語について聞かれることが増えました。

茂木　どんな質問が多いんですか。

竹内　何歳頃から学べるのか、学ばせるべきなのか。お薦めのプログラミング言語はありませんか。プログラミング言語にも「リングワ・フランカ」は存在しますか。そんな質問が多いですね。

茂木　リングワ・フランカというのは、いわゆる世界共通語ということですよね。もともと「フランク語」「フランク王国の言葉」を意味するイタリア語で、転じてそうなった。

竹内　そう。まず学び始める時期ですが、これについては英語と同じで、「いまです」。プログラミングというのは前にも言ったようにそれ自体は何かを表現するためのツールで、その表現の基となるものは数学です。数学がわからないとプログラミングができません。だからまず数学の勉強をきちんとやってほしいんです。それにはいつ頃なんて悠長なことを言っていたらいけません。いつやるかと言ったら、もちろんいまでしょう、いまですよ、と申し上げています。

リングワ・フランカやお薦めのプログラミング言語については、「C言語をやればいいと思います」と答えるようにしています。C言語は極めて汎用《はんよう》性が高く、あらゆる分野に適応しています。もっともプログラミング言語というのは、実は何でもいいんです。プログラミングができる人は、基本的にどんなプログラミング言語でもプログラムが書けますから。

ぼくは三〇代のときプログラマーで生計を立てていました。その経験から言っても、何か特定のプログラミング言語に特化して学ぶ必要はまったくないと思います。プログラマーはみんな自分が得意なプログラミング言語がありますが、つくったアプリケーションがうまく動けばいいのであって、中身がどの言語で書かれているかはぼくはあまりこだわりがないんです。そしてそれが一般的だろうと思います。

茂木　プログラミング言語は何がいいか。そう思ったら、まず「プログラミング言語一覧」とか「プログラミング言語&比較」とかでグーグル検索かけてみればいいんですよ。それを見れば、誰が何年に開発して、どういうものに使われているとか、たいていのことはわかります。そうしたらどの言語を学べばいいかはだいたいわかると思う。

ぼくはよく「英語は原書を読むといいですよ」と言うんだけれど、必ずと言っていいほど「茂木さんのお薦めの原書を教えてください」という質問が来ます。ぼくは『赤毛のアン』を最初に原書で読みました。でもそれはぼくが読みたかったからで、何がいいですかと聞かれたら「あなたが読みたいものを読むのが一番ですよ」としか答えようがない。ひとさまの読書の趣味をぼくは知りませんから。

そんなことをぼくに聞く時間があるなら、いますぐ原書を扱っている本屋さんに行くか、アマゾンでポチッとするかして、好きな作家の原書を買ったほうがいいですよ。ぼくのお薦めより自分の好きな本を読むほうが英語を学ぶという意味でも張り合いがあると思うんですよね。

何かをやるまでの障壁が、いまは一秒の世界なんです。たとえば「スクラッチ」(Scratch)って何だろうと思ったら、すぐにグーグルで検索してみればいい。一番上に出てきますよ。やる気があるなら、そのスクラッチのサイトに行ってユーザ登録すれば、もう一分後には始められているはずです。誰かに教えてもらうのではなく、自分で考えて、調べて、答えを探し出す。そしてやりたいと思ったら、いきなりやってほしいんです。やるなら、いまです。

プログラミングを子どものうちから学ぶメリット

竹内　小さいうちから始めたら目が悪くなったりしませんか——。プログラミングについての親御さんの質問で意外と多いのがこれです。

茂木　小さいうちからタブレットＰＣばかり見ていて目は大丈夫なのかと。

竹内　実はぼくは視力矯正《きょうせい》の目の手術をしてるんです。慶應の坪田《つぼた》一男《かずお》先生という方にお願いしたんですけど、その先生が言ってました。小さい頃から本も読まない、プログラミングもしないで目を大切にすれば確かに目は悪くなりません。ただし頭は空っぽです。逆にいろいろな本を読んで、頑張ってプログラミングもやると頭にすごくいろいろなものが入ってくる。その代わり目は悪くなります。でもそうなったら、眼鏡をかけたり、レンズを入れたりすればいいじゃないですか。レーシックという視力矯正の方法もありますよと。

茂木　空っぽの頭になるよりそのほうがいいよね。

竹内　あとよく聞かれるのは、小さいうちからプログラミングを学ぶメリットは何ですか、というもの。これに対する答えはいろいろあるのですが、まず楽しいということですね。プログラムを使っていろいろなことができる。動画もできるし、音楽もつくれるし、ロボットも動かせる。とにかく楽しい。それからこれはけっこう大事なポイントで、前にも触れましたが、論理的に考える力が確実に身につきます。プログラミングは論理的に書かないと動かない。自然と論理的な思考が鍛えられるのです。

茂木　目の話とプログラミングを学ぶ利点というのは実はセットの話なんですよ。つまり「見る」のは目だけでは完結しないじゃないですか。見るというのは実際には脳で見ているわけでしょう。ということは脳で分析しているわけです。その分析の能力は本を読んだりプログラムを書くことによって鍛えられる、脳のなかの目がよくなっていく。そういうイメージでとらえていただきたいんですよね。

　だから目を大事にすると言って何もしないというのは、まさに脳のなかの目が全然発達しないということになるじゃないですか。それって人として意味がないし、恐ろしくないですか。

デビッド・ヒューベルとトルステン・ウィーゼルという人たちが行った有名な実験があります。生まれたばかりのネコに縦縞《たてじま》ばかり見せていると、横縞を解析する神経細胞ができなくなってしまうんです。すると横縞があっても、それを認識することができない。だから目を大事にするのもいいんですけれど、脳を使わなかったら正しく世の中を見ることもできなくなってしまいます。

竹内　もちろん本を読んだり、プログラミングばかりやっていればいいというわけではなくて、外で遊んだり、自然に触れたりするのも大事なのは言うまでもないことです。

茂木　プログラミングをやることのメリットをもう一つ言えば、システム思考です。プログラムはシステムなので、システムとして有機的に動くものをどうつくりあげるかというのは、現代における最も重要な感覚の一つです。だからプログラミングができる子どもは、学校をどう運営すればいいかとか、エコロジカルな自然のシステムをどう維持するかとか、システムとしてものを考えるという発想ができるようになる。それはこれからの時代に何よりも代えがたい宝物になるのではないかと思います。

ＡＩ時代の「幸せの方程式」を解くカギ

竹内　人工知能社会になったときに、ぼくは二つ重要なことがあると思っています。一つは、人工知能を開発して動かすような超一流のプログラマーのような職業ができて、その人たちはそれこそメジャーリーガーのイチローさんみたいな年俸をもらうと思うんです。

一方で数学があまり得意じゃない人もいますよね。そういう人はどうすればいいかと言ったら、人間のコミュニケーションの力をどんどん培《つちか》っていけばいいんです。実際いろいろなシンクタンクのレポートを見ても、学校の先生とか保育士さんとかお医者さんとか人と接するような仕事はこれからもなくならないと予測しています。ＡＩにはできない、人間だけにできる分野ですよね。

ＡＩ時代にプログラミングが必須の教養になるのは間違いないけれど、誰もがプログラミングをやって、それで生計を立てようなどと言っているわけではないので、そこは誤解しないでほしいんです。プログラミングは実際にやってみればとても楽しいし、仕組みがわかれば、この先、ＡＩ社会を生きていくときに損はありません。論理的な思考であったり、先ほど茂木が指摘したシステム思考みたいなものが身につくなどメリットも多い。ＡＩと友だちになるつもりで、やってみればいいんです。

茂木　もう一つ重要なのは、ＡＩ社会の到来を控えているいまだからこそ生身の身体に注目してほしいんですね。いくらＡＩが発展しても人の身体は持ちえない。だからたとえばうちの学校ではプログラミングの授業のあとにカポエイラの授業があるんです。カポエイラというのは、ブラジル生まれのダンスみたいな格闘技です。プログラミングだけやるのではなくて、遊んだり、身体を動かしたりして、いろいろバランスを取らないといけない。カポエイラの先生からは礼儀作法なども教えてもらっています。

もう一つ重要な視点を付け加えるならば、これからの複雑な世の中で幸せな人生を設計していくためには、プログラミング能力的な感覚がどうしても必要だと思うんです。先ほど触れたシステム思考ですね。

じゃあプログラミング的なシステム思考の対極にあるものは何かと言ったとき、仮に思いやりだとか、まごころだとか、そういうものだとするじゃないですか。これってまさに、これまで学校の教育現場で強調されてきたことでしょう。

思いやりやまごころは大事ですけれど、人はそれだけでは幸せにはなれないんですよ。

我々が幸せになるための方程式は、どんどん複雑になってきていて、これをプログラミング的な発想で解こうとするのは何か人間と逆方向に行くような気がするかもしれないけれど、実際はそうではないんです。幸せになるための要素というのはものすごく多いわけです。たとえば、お腹がすいたらご飯を食べたいし、かっこいい服も着たい。ある程度社会的な承認欲求もあるからコミュニケーションもしたいし、友だちもほしい。いろいろな要素がないと幸せにはなれないじゃないですか。

それらを一つひとつ整えていくのは、実は思いやりやまごころの世界ではなくて、冷静に自分の人生の幸せのポートフォリオの一〇〇とか二〇〇とかあるようなパラメータ（変数）をチューニングしていく作業に近いんです。だからむしろプログラミングを学んでいる子どものほうが人間に対して総合的に実質的な意味でやさしくなれるという社会に、ぼくは人工知能時代にはなると思う。

竹内　幸せの方程式が今後ますます複雑になると、プログラミング的なシステム思考を身につけた子どものほうがその方程式を解きやすいし、より幸せになれるんじゃないかと。

茂木　いまの小学校の教育現場ってまったくエビデンス・ベーストじゃないんですね。だから教育研究集会などに行くと、いろいろな研究報告とかやっているんですけど、結論が「子どもたちの目が輝いていました」だったりする。「何じゃそれ⁉」ですよ。「一生懸命頑張る子」とか、よく教室の前に貼ってある。夢、絆《きずな》、希望、笑顔みたいな聞こえのよい漠《ばく》とした言葉で溢れている。いわゆるポエム系になっているんです。

竹内　行き詰まった職場ほどポエム化するという指摘がありますけど、ああいう見方をしている限り日本の教育は根本的には変えられない。むしろプログラミング的な発想に変えたほうが教育も進むし、みんな幸せになれるんじゃないかなという気が、ぼくはするんです。

パラメータの調整という感覚はすごくわかります。複雑な現象には変数がたくさんあるじゃないですか。それを微調整していって、たとえばこの場ではこうしてあげる、この人とはこう接する、この子にはこう接したほうがいいとなるわけです。

子どもって個性があるので、字を書くのが苦手な子もいるし、プログラミングが大好きな子もいるし、運動が好きな子もいるわけです。そういった子どもたちに応じて、教育も微調整していかなくてはいけない。それもおそらくプログラミングをやっている人のほうが得意だと思うんです。全体でも平均値でも感覚でもなくて、ほんとうの意味で合理的にその微調整をやっていくほうが、確かにいまの時代の教育なのかなという気がしますね。

日本語のなかだけにいることのリスク

竹内　うちの学校はトライリンガル教育で、日本語、英語、プログラミング言語の三言語を教えてますけど、あるとき、「プログラミング言語は基本的に英語であることを考えれば、日本語は英語やプログラミングの学習の邪魔になるだけなんじゃないですか」という人がいて、それはまったくぼくの感覚とは違うなあと驚いたことがあります。

茂木　その人は根本的に勘違いしてますね。

竹内　複数の言語をやるのは多様性の獲得を目指しているのであって、けっして相反するものではないのです。だから日本語が英語やプログラミングの邪魔になるということはない。むしろ日本語と英語を両方やることによって世界の見え方が広がり、そこにさらに数学をやることによってニュートンやアインシュタインの世界も見えてくるし、コンピュータというツールが入ってくることによって自分のやりたいことの実現可能性も広がってくる。三言語は相反するものではまったくないし、日本語が邪魔になることもないですよね。

茂木 あえて日本語が邪魔になる理由があるとするならば、それは日本の文化の限界なんじゃないですか。ぼくは前にも言ったように地上波テレビを一秒も見ない。たとえばニュースの報道のしかた一つとっても、最近の日本のテレビは政府広報番組じゃないですか。

アメリカのメディアは容赦《ようしゃ》ないところがあって、それは特定の立場に立って徹底的に検証するんです。たとえばトランプ大統領が七カ国からの入国禁止をしたときに、じゃあほんとうに七カ国の出身者が過去にテロをやっているのかどうか、ひょっとしたら入国禁止にしていない国にはトランプホテルが建っているんじゃないか、そういうことをちゃんと検証して報道をするんです。イギリスのメディアでもそれが普通です。

竹内 でも日本の場合は、「日米首脳会談が行われ、トランプ大統領と安倍首相は日米関係のより強固な発展に向けて同意しました」と報じるだけで何もニュースになってない。

茂木　だからぼくは日本語だけやっていることのリスクというのは、そういう日本の甘い文化環境のなかに置かれてしまうことのリスクだと思う。日本にはダイアローグ（対話）とかクリティカル・シンキング（批判的思考）を通じてよりよいアイデアを求めて容赦なく知識層の自由市場のなかで競い合うという文化がないので、テレビに出ているような文化人でもいい加減なことを言っている人がたくさんいる。そういう人たちが何か偉い文化人だと思って垂れ流されている日本の地上波テレビはほんとうに一秒も見る必要がない。

　ちょっと具体的に言いますね。イギリスだとBBCの「ハード・トーク」。これはもうほんとうに厳しいです。キャスターがものすごく厳しい質問をします。あと「パノラマ」もいいですね。アメリカだと「ミート・ザ・プレス」がお薦めです。この前、堀江貴文と話していたら、堀江もぼくもNHKの某看板教養番組が大嫌いだということがわかった。あの視聴者をバカにした感じというか、知的レベルの設定の低さというか、あれに付き合うことが強《し》いて言えば日本語のなかにいることのリスクです。

イギリスに「ユニバーシティ・チャレンジ」というクイズ番組があるんですけれど、それを一度見てください。番組開始一秒目から容赦ない感じでずっとクイズをやっていきます。日本のあのチャラチャラした芸能人の「ええ〜っ」みたいな賑《にぎ》やかしはまったくなし。放送開始から最後まで厳しいクイズをずーっと出し続けて、それで終わりです。あれを見たら、日本語の空間のなかだけにいることのほんとうのリスクがわかります。

プログラミング言語で身につく批判的思考力

竹内　結局、日本人は批判的思考という面がものすごく弱いですよね。メディアのありようはそれを象徴していると思います。

茂木　批判的思考というのは、たんなる否定ではなくて、よりよいものにするための努力なんです。この点を誤解している人が多い。たとえばカトリックでは、「デビルズ・アドボケイト」(devil's advocate 悪魔の代理人)という考え方があります。

竹内はカトリックだから、もし亡くなったら、教育に身を捧《ささ》げたということでカトリック教会が聖人に列するかもしれません。でも、やたらと聖人にしちゃう

竹内　と価値が下がるじゃないですか。そこでデビルズ・アドボケイト、つまり悪魔の代理人が、彼はほんとうに聖人に値するのかということを徹底的に調べ上げて反対討論をするわけです。

茂木　このカトリックの伝統から、いまではディベートなどで多数派に対してあえて批判や反論をする人、またその役割のことをデビルズ・アドボケイトと言います。要するに批判的思考というのは、よりよいものにするための努力なんです。プログラムは、ちゃんとつくらなかったら動きません。プログラミング教育をやると批判的思考が育《はぐく》まれるのは当然なんです。だって適当にやったら動かないんだもの。アクセスがどれくらい来ても大丈夫だとか、スケーラビリティ（Scalability　拡張性）の問題だとか、ありとあらゆる場面を想定しないといけない。そのうえで自分たちのいまの仮説だとか前提にしていることをあえて疑って批判するという思考がなかったら絶対にいいものはつくれないのです。プログラミング教育は批判的思考そのものだとぼくは思います。

第4章

頭の良さとは何か
——ほんとうの知性と教養

教育とは個性の「発掘」である

竹内　東大にはちょっと外れた人たちが少しだけいました。たぶん全体の数%かそのくらい。それで残りの九十何%はある意味、均一でした。その均一な人たちはやはり大きな会社に入ったり、お役所に入ったりして、いかにも東大出身らしい道を歩んでいった。

ただ、そういうタイプの人たちは、今後はすごく厳しくなるのではないかと思うんです。「一〇年後の世界でも生きられるか」と言ったときに、お役所に入っても、もう天下りはできなくなりましたし、ますます厳しくなっていく。定型的な仕事をやっている人はどんどん人工知能に取って代わられてしまうので、そういう仕事もなくなる。いい大学に入って大企業や霞《かすみ》が関《せき》のお役人みたいなパターンはもうだめだと思うのです。

だから学校は均一ではなく、多様な人材を育てる必要があるわけです。あと、生徒自身も自分の人生を多様化していかないといけない。いろいろなことを勉強して、いろいろなところに行って経験を積む必要がある。それも頭ごなしに言われてやるのではなくて、自分で考えてやらないと意味がない。そういう意味ではんとうに探究型の学習、つまりアクティブ・ラーニングがいますごく必要だということなんですね。

茂木　よく一般の方が「私、普通なんです」と言って没個性を嘆《なげ》いたりするけれど、これは脳科学的に言うと明らかに間違いで、個性というのは誰でも平等にあるんです。ただしここからが大事で、個性はマイニング、つまり発掘しなくてはいけないんです。これが一番のカギなわけです。その際、発掘するのに十分な時間と余裕、さらには学びの機会が与えられているかどうかで、一人ひとりのなかにある個性という原石がどれくらい磨かれるかということが決まる。これが教育における唯一重要な目覚めなんです。

いままでの日本の教育は個性があっても気づかせないような教育なんですね。ぼくは今日もある大学で授業をしていたのですが、最近は学生たちのことがだいぶわかるようになってきたから、前のほうに座っている学生に「何となくそうっぽいな」と思ってアニメの話を振ってみたんですね。

そうしたら案の定《じょう》、アニオタ（アニメオタク）で、「何とかが乗っているガンダムの機種は何だ」みたいなマニアックなことを言うわけです。聞いてるほうは誰もわからない。まさにアニオタ。彼女のその個性は普通に大学の講義室にいて授業を受けているだけだとマイニングができないわけです。やはりコミケ（コミックマーケット＝同人誌即売会）とかにも行っているらしいんですが、その個性は十分な時間と余裕、さらには十分な学びの機会が与えられなかったら広がっていかない。

　ぼくも竹内もたまたまそういう道筋を自分たちで見つけてきたけれど、実際にはまだ展開しきれていない個性があるかもしれないから、ぼくらもまだ発掘中なんです。結局、教育というのはそれぞれの人が自分の個性を発掘する手段を与えるプロセスだとぼくは思っています。

勘違いされた教師の役割

竹内　先生というのは本来、生徒が自ら学びたくなるような、あるいはいまの話で言えば、自分の個性に気づいてそれを伸ばせるような、そういう環境をつくってあげるのが仕事だし、役割なんです。ところが、そこにちょっと履き違えがあって、知識を詰め込むのが教師の仕事だと思っている人がいる。しかも、その知識の詰め込み方も間違っていたりする。

茂木　算数の足し算の順番とかね。

竹内　そう、前にも話したけど、五＋三＝八は正しいけれど、三＋五＝八は間違いとか、変なことが起きている。

茂木　あれはほんとうに集団ヒステリーだよね。すごい話です。

竹内　あんなふうに教えられてしまったら、子どもの個性など伸びるはずがない。しかもああいうおかしな話は算数だけではないわけですよ。たとえば国語の漢字の書き方とかね。

茂木　「とめ」とか「はね」がどうのこうのと言うんでしょう。

竹内　そう、すべてを完全に教科書の活字と同じにしないと「×」にするというわけです。

茂木　ほんとどうかしてますよ。

竹内　ぼくらが字を書くときには教科書とは違う字体で書きますよね。活字体でなんか書かないわけです。それなのに活字体と同じに書かないと「○」にならない。

茂木　漢字の歴史を見ると、たとえば「ことぶき」という漢字だけでも字体は百種類近くある。だからそもそも学問的にも間違っているんです。

竹内　そうそう。にもかかわらず、それが教育界では、こう教えるべきとルール化されてしまっていて、おかしくなっているんです。

茂木　そうなると、いまお子さんをお持ちの方はどうしたらいいかというのはなかなか難しい問題ですよね。幼稚園というのは意外とユニークなところがあって、インターナショナルスクールとか株式会社的な幼稚園がうまくいっているんです。

ところが小学校に入った瞬間に保護者の間にものすごい迷いが生じるわけです。うちの子をこのフリースクールに行かせておいていいのか、それとも普通の文科省の一条校に行かせるべきなのか。一条校はいろいろ問題はあるけれど、一応、安心、安全みたいな声もあって、実際のところ小学校から先の教育のトラックがものすごく難しくなってしまっていますね。

竹内　そうですね。だからこれは親御さんにとっては決断が迫られるわけです。ただ、「五＋三は合ってるけれど、三＋五は間違っている」というところに入れて、それで果たしてお子さんの将来はいいものになるのかなというと、やはり疑問なんです。

うちの学校はまだそんなに多くの生徒さんをかかえているわけではないですけれど、ぼくの目の黒いうちはきちんとした教育をやっていきます。もし、僕の目が黒くなくなったら、そのときは茂木健一郎に頑張ってもらいますから、どうかご安心を。

茂木　おいおい、長生きしろよ。何言ってるんだよ（笑）。

竹内　実は学者仲間とか友だちのサークルでやっているものですから、友人の物理学者に教えに来てもらったりしているんです。これで中学、高校と進んでいったら、たぶんすごくいい人材を社会に輩出できるのではないかと思っています。

茂木　そうだよね。すごく楽しみです。

ペーパーテストは身長測定と同じ

茂木　アクティブ・ラーニングの話をすると、「探究型学習、すごいじゃん。ちょっとうちの子にもやらせようかな」という人はけっこう多いんです。でも実際には一条校へ通わせる人がほとんどです。これは結局、ペーパーテスト以外でどうやって学力を測るのか、何を基準に頭のよしあしを測るのかわからないから、とりあえずできている道に進ませる、そういうことだと思うんですよ。頭のよさの基準みたいなものはどう考えますか。

竹内　ぼくが頭がいいなと思うのは、仕事の現場ですごく仕事ができる人です。たとえばテレビの番組に行きますね。アナウンサーの方がいますが、やはり番組を張っているアナウンサーの方はものすごく頭がいいんです。目立たないけれど全部取り仕切っている。突然ニュースが入ってきても、いきなり画面が止まっても、瞬時にすべて対処できる。普通できないんです。それができるということはものすごく頭がいいわけです。

だから自分の活動、アクティビティと切り離した頭のよさというのは意味がないと思うんですね。うちの学校で教えている物理学者は茂木とぼくの共通の友人ですけど、彼はものすごいオタクなんです。岩波書店から出ている数学の公式集全三巻を全部自分で解いて確かめて、間違いや誤植を岩波に教えてあげる。彼は物理学者という仕事において、彼なりのものすごい頭のよさがあるんです。だから仕事と切り離した何か抽象的な頭のよさというのは意味がない。ところが、いまの学校ではそれを測ろうとするわけですね。

茂木　そしてペーパーテストをやりました。点数がとてもよかったです。偏差値の高い頭のいい人ですと言う。

竹内　けれども、たとえば現実にうちの学校に先生として来てもらったある方は、ペーパーテストの評価としては非常に高かったんです。いわゆる偏差値は高い人だった。でも仕事は全然できませんでした。

うちは小さい学校なので、ぼくも妻も教室の掃除だってトイレの掃除だってやるわけです。その方はそういうことが一切できなかった。「明日は朝の七時半に学校を開けてくださいね」とお願いすれば寝坊するし、給食のお弁当を取りにいくのも忘れてしまう。肝心《かんじん》の教えるのも下手で、子どもが全然わからなくて泣き始めたりするんです。

それでちょっとこれは無理だな、と。いくらペーパーテストの点数がよくても、自分の仕事で能力を発揮できない人は、結局、頭が悪いと思うんです。そこで言いたいのは、一つの数字に落とした頭のよさの測り方はだめだということです。偏差値という数字は一個じゃないですか。それはたとえば身長や体重みたいなものです。

茂木　「あの人、背が高いね。ものすごく頭いいね」とは言いませんからね。

竹内　そうそう。それと同じなんです。そういう一個の数字だけに落としたものというのは一つの基準でしかないので、それでは人の能力は測れないんです。たとえばテレビの視聴率もそうですね。テレビの視聴率は、誰が見ているんですか、どういう人が、どういう時間帯で、どれくらいきちんと見ているんですか、というのをきちんと測っていないから、実はあれも意味がない数字なんです。

常に考えていただきたいのは、一つだけの数字に落とした成績評価はすべてだめだということです。複数のいろいろなものを見ていって、初めてある程度わかってくる。あとは結局、実践投入してみて、その仕事でその人がほんとうにすごい能力を発揮できるかということがたぶん頭のよさだとぼくは思います。そういう意味で、いま学校でやっているペーパーテストは身長や体重を測っているようなものなので、それだけでは何にもならないですね。

人を偏差値で判断することの貧しさ

茂木　ぼくはツイッターをやってるんですけど、これまで一番リツイートされたのは「予備校潰れろ」というツイートで、いまだに批判が来るけど、取り消すつもりはまったくない。特に、予備校が各大学の偏差値を勝手に計算しているところが許せない。

何で日本の教育界で偏差値というものが出てきたのか、きちんと合理的に説明するとこういうことなんです。まず大学の入試担当者にとっては、ペーパーテストで一律に入学者を決めるのがコスト的に一番楽なんです。

早稲田の政経は私立の文系だと最高の偏差値と言われていますね。それはなぜかというと、たとえばあそこの日本史の問題は、普通の学生ならそこまでやらないような細かい年号が絡む難易度の高い問題を出すわけです。年号とか史実に基づく問題だったら、採点者は絶対にこの解答は正しいと言えるし、採点もパッパとできるから簡単でしょう。だから入試を実施する側の都合なんです。何万人という志願者が来たほうが受験料を取れるから儲かるわけだし、その選抜の結果も点数で返事をするのなら、みんな、しょうがないと納得してきた。それがまず第一です。

第二に、日本の大学入試の一番隠れた構造問題は国立大学の併願ができないということです。たとえば東大、一橋、京大、東北大、北大を併願して、「ここと、ここと、ここから入学許可が来たから、私はここに行きます」ということはいまできないでしょう。でもアメリカの大学はもちろんできます。それこそ一〇でも二〇でも出せるわけです。

竹内　ハーバードだって、受かっても他大学に行く人がいるから、実際に入学するのは合格者のうち六割とか七割ですよね。ハーバードに受かるような人は、ほかのいい大学も受かるから。

茂木　もともと偏差値というのは、中学の進路指導の先生の親心から生まれたんです。昔の進路指導は教師の経験と勘に頼っていたので、十分受かるはずの高校を受験できなかったり、受かると思った高校に落ちたりした。これでは子どもたちがかわいそうだというので、ある進路指導の先生が合格可能性を客観的に示す指標が必要だと考え、つくったのが偏差値だったわけです。

以来、偏差値は、進化を遂げ――いや退化か――、たとえば東大に合格するにはペーパーテストでこの程度の点数が必要で、それ以下だと難しいという予測可能性を高める役割を果たしてきました。でも国立は併願ができないから、みんなそれを求めるわけでしょう。「下手な鉄砲も数撃ちゃ当たる」ではないけれど、一〇でも二〇でも出願していいのなら、一校一校は別にどうでもいいわけです。

ここからがもすのごく大事なんだけれど、人間の個性を見る入試であれば、その選抜は片手間ではできないフルタイムジョブなんです。日本の入試は時期が来るとテストを受けさせて、せいぜい一人当たりにかけるのは一時間程度でしょう。そうではなくて、ほんとうに一人ひとりの人間の個性を見ようと思ったら、アドミッションオフィス（Admissions Office 入学管理局）が一年中オペレーションしていなければいけないんです。

竹内　アドミッションオフィスに専任の選抜スタッフが必要ということですよね。

茂木　一人ひとりの志願書などを見て、この子はいい、悪いということを丁寧《ていねい》にやる。たとえば面接だって二時間かけてやれば、その子のことはかなりわかるじゃないですか。それだけまずコストをかけなければいけない。アドミッションオフィスの選抜スタッフにそれなりのお金、人件費をかけるべきです。

もっと言えば、いまでは大学のほうからいい学生を取りに行くんです。たとえばモンゴルにエデックス（edX）でものすごくいい成績を上げている高校生がいたんですけど、それに注目したMＩＴが「うちに来ない？」と勧誘して学費免除で入学させて話題になりました。

竹内　ネット上で誰でも学べるムーク（MOOC）の時代だから、そういう才能も見つけやすい。世界の大学は、メジャーリーグのスカウトみたいに世界中にアンテナを張って優秀な学生を探す時代になっている。これまでとはまったく発想が違います。

茂木　MＩＴメディアラボ所長のジョイ・イトウ（伊藤穰一《いとうじょういち》）という人に聞いたすご

くおもしろい話があります。アメリカに天才奨学金と呼ばれる「マッカーサー・フェローシップ」(MacArthur Fellowship マッカーサー賞)というのがあります。過去の業績ではなく将来のポテンシャルに対して贈られるもので、受賞が決まると、ある日突然、マッカーサー・フェローシップの財団から電話がかかってくるそうです。

「あなたはマッカーサー・フェローシップの受け取り手に決まりました。つきましてはあなたの銀行口座に60万ドルを振り込みます」と。すごいのは次の一言で、「この電話がマッカーサー・フェローシップからあなたに来る最後の連絡です」、ガチャン。

竹内　つまり、その人に関する情報を徹底的に集めてそのポテンシャルを評価し、「こいつ、すげーよ、最高じゃん!」となったら、いきなり電話をしてきて、「お前、マッカーサー賞に決まったんで6000万円以上を振り込むから。よろしく。じゃあね」。

茂木　そうそう、そういうこと。しかもそのあと、その奨学金をどう使おうが報告義務が一切ない。人の価値を測ることにおいて根本的に発想が違うんです。これが日本でできると思います?

竹内　無理だね。

茂木　できるはずがない。いまだに偏差値などというものをありがたがって人の価値を測っている時点で終わっているんです。すべてが貧しすぎる。だからまず実務的にはアドミッションオフィスの人員を質、量ともに増大させることと併願を可能にするということです。そうしたら当然、東大に受かっても京大に行く人が出る。東大の合格者のうち七割くらいしか東大に行かなくなると思うけど、それが正常じゃないですか。

竹内　ぼくもそう思う。それができないのは大学が自信がないということですよ。

茂木　自分の大学が選ばれない可能性がある。

竹内　そうそう。だから嫌がる。結果、競争原理が働かない。それがいまの大学の一番の問題です。その背後には文科省がいて、やはり競争させないようにしているんですね。

茂木　文科省の省益なんて日本の国益に比べたら小さなものじゃないですか。文科省の職員が何人いるか知らないけれど、仮に一万人いたとしよう。その人たちが幸せに暮らすことと、一億二〇〇〇万人が幸せに暮らすこととどちらが大事かと言えば、答えは明らかなわけで、当然、文科省の省益よりも国益が優先されるべきなのです。いまみたいに国益より省益の文科省のままだったら、ほんとうに日本は潰れてしまうと思う。

竹内　いずれにしても日本の大学はほんとうに改革が必要ですよ。そうでないと日本の大学はすっ飛ばして外国の大学に行きますという時代が必ず来ます。

茂木　いままで行っていないのは地理的な問題ですね。日本から遠いし、お金の問題もある。ハーバードだと学費プラス生活費で年間六〇〇万円くらいかかる。あと言語の問題です。ぼくは日本人の英語力を低くしているのは文科省の陰謀ではないかと思います。だって英語ができるようになったら、みんな外国の大学に行ってしまうでしょう。

竹内　そうそう、行ってしまう。

必要なのは建て前ではなく本音の教育

茂木　日本ではよく学生が、「これを勉強して何の意味があるんですか」と言いますよね。「行列の計算やったって、将来、何の役にも立たないでしょう」とか。でも、それをちゃんと教えないから、みんな意味がないと思っているわけです。

アクティブ・ラーニングの根本思想は、この行列の計算をやると、将来、どういうことに役立つのか、実際どういうことに使われているのか、学習者はそういうことも理解して勉強しましょうという考え方です。すごく重要なことだと思いませんか。そういう教育をしていたら、「何で行列の計算なんてするんですか」というくだらない質問は出てこない。日本の教育にはその部分が決定的に欠落していると思います。

竹内　たぶんいまの教育はすべて建て前論なんです。「五＋三」はいいけれど「三＋五」はいけないというのも建て前でやっているからそうなる。それではいけないわけで、ほんとうは本音を教えないといけない。本音というのは本質の部分ですね。それをちゃんとやれば、「三＋五」でも「五＋三」でもどちらでもいいことがわかるはずなのに、やらない。教えられないんだと思う。その力がすでに日本の学校教育にはないんですよ。だからすべて建て前で教科書に書いてあることだけをそのまま教えようとする。

茂木　歴史の話でも、たとえば教科書検定だと「竹島《たけしま》は日本の領土です」と言ってますね。それはいいんだけれど、情報量がものすごく少ない。イギリスの歴史の教科書だと、第二次世界大戦について二三の資料を示して、「なぜ第二次世界大戦が始まったのか。ドイツの再軍備が原因だという説もあるけれど、ほかにも原因があると思いますか」ということを学生に書かせるというやり方なんです。

たとえば尖閣《せんかく》諸島の話であれば、領有権を主張する日本と中国のそれぞれの資料を十分に示すのはもちろん、すぐそばに位置する琉球《りゅうきゅう》王朝以来の沖縄の歴史についても書くし、台湾の歴史についても書く。そのうえで日中双方の主張を整理し、沖縄や台湾の考えや主張もちゃんと見て、それらの主張の間にはどういう関係性があるのか、意見の相違はなぜ起きているのか、矛盾点はないかなどを考察させるのがイギリスなどで行われているグローバルな意味での歴史教育です。「尖閣諸島はどこの国の領土だと思いますか」と聞くことにはあまり意味がないのです。

竹内　文科省の検定みたいに、「尖閣諸島は日本の固有の領土です」、はい、おしまいというのは教育でも何でもないですよね。

茂木　とにかく情報量が少なすぎます。そもそもそういうことが政治的なイシューになること自体が国としてものすごく幼稚です。そのへんはかなりレベルが低すぎて、日本はまずい状況です。正直、検定教科書はやめたほうがいいと思う。意味がない。

竹内　うちの学校でもいま第二次世界大戦のことをやっていますが、どういうところから始めるかというと、「何でけんかになったんですか」というところから入るんです。

茂木　小学校二年生くらいでしょう。

竹内　二年生だけれど、必然的にそっちへ行ってしまうんですね。

茂木　すごい高度な教育をしているな。どんな感じでやってるの？

竹内　まずは「誰と誰がけんかになったんですか」というところからスタートします。うちの学校にはアメリカ人の先生やフィリピン人の先生がいて、説明していきます。それで、「アメリカやイギリスやフランスのグループがありました。それからドイツや日本やイタリアのグループがありました。ドイツや日本はほかの国を取ろうとしたんです。それでけんかになったんです」という話になるわけです。
　すると子どもたちから、「日本がほかの国を取ろうとしたんだ」「中国を取ろうとしたんだ」「ドイツがほかの国を取ろうとしたんだ」「じゃあ、こっちが悪いんですか」と事実の確認や質問が出るから、「いや、ちょっと待てよ」と。「でも、イギリスもその前にほかの国を取ってたんだよ」とか、「フランスもアフリカでいろいろあってね」とさらに情報を加えてあげるんです。

茂木　アメリカもハワイを取ったし。

竹内　そう。するとハワイ出身の先生が来て、そのへんを教えてくれる。

茂木　ハワイ出身の先生がいるの？　すごい。

竹内　いるんです。それで、「ハワイもアメリカに取られたんだよ」という話をしてくれる。すると子どもたちは「えーっ、みんな取ってんじゃん」という話になるわけですよ。そうやって議論していくうちに、「じゃあ、いったい何が悪かったの？」という肝心要《かなめ》の話になって、それを自分たちで考えていく。そういう学びをやっています。

茂木　それはいい教育だ。

教育の本質は課外授業

竹内　実はその第二次大戦の歴史の授業のとき、ハワイ出身の先生が日本軍の真珠湾《しんじゅわん》攻撃のビデオを持ってきてみんなに見せたんですよ。そのときその先生が日本軍が使った魚雷の工夫の話をしたんです。真珠湾は水深が浅いので、魚雷を飛行機から投下すると、そのまま海底にぶつかって爆発してしまうらしいんです。これを防ぐために魚雷に木製の側翼を胸びれのように取り付けて、深く潜《もぐ》らないようにしたというんですね。

それでそのハワイ出身の先生は「日本人のエンジニアはすごく頭がいいんだ」と言うわけです。ぼくは真珠湾攻撃の魚雷にそんな工夫が施《ほどこ》されていたことなどまったく知らなかったからびっくりしました。

茂木　確かに日本人も知らないね。

竹内　子どもたちにとっては、そういう雑多な情報が入ってきたほうが興味も湧くし、教科書に書いてある杓子《しゃくし》定規な解釈にならなくていいんですよ。

茂木　この前、飛行機好きに聞いたんだけれど、ゼロ戦の技術のかなりの部分はアメリカのダグラスからのライセンスで、第二次世界大戦中もアメリカの企業はライセンスを続けていたんだと言うんです。おもしろい話だなと思った。考えてみたら確かにそうで、技術は移転するわけだから。そういう見方をすると歴史は俄然《がぜん》おもしろくなる。

竹内　ほんとにそう。だからいろいろな政治的な話だけでなくて、そういう技術面とか、国同士の複雑な取った取られたという話をやっていって、初めて客観的な視点というか、ある程度自分で判断できるベースができるんだと思うんです。

茂木　何か実感が湧いてくるよね。

竹内　そうそう。

茂木　映画監督の小津安二郎《おづやすじろう》は、第二次大戦後にシンガポールで捕虜になったんだけれど、その間に『風と共に去りぬ』などのハリウッド映画を大量に見て、ものすごく勉強したんです。それで日本に帰ってきて『麦秋』『晩春』『東京物語』といった実に日本調の映画を撮った。その背景には大量に見たアメリカ映画の影響があるんです。真珠湾攻撃の魚雷の話も同じですよね。歴史は逸話があるからおもしろいし、授業は脇道にそれるから深くなる。それを小学校二年からやっている。すごいな。

ちょっと関連する話をさせてもらうと、ぼくは自分の人生を振り返ったとき、学校と関係なくやっていたことがあるんですよね。たとえば小、中学校のときだと蝶々の研究だし、学芸大学附属高校で一番よかったのはオペラの上演ですね。あれはほんとうによかった。だから何か課外授業的なことがすごく大事なんだけれど、ただ、それだとこれからの教育では足りなくて、やはりアクティブ・ラーニングとかプロジェクト型の学習とかが中心になってこないと、ほんとうに悲しい結果になる気がする。

竹内　そうだね。だからアクティブ・ラーニングは軸に据えたうえで、必要な技能、計算能力とか英語がしゃべれますとか、そういった技能は当然必要なので、そういうスキルは最低限どうしても身につける必要がある。ただ、そのほかは、いま茂木が言っていた課外授業的な部分がすごく大きくて、結局、「これは授業なので聞かなくてはいけません」となると、それはつまらなくなってしまう。そうではなくて、実は全部課外授業なんです。

茂木　その感覚はすごくわかる。

竹内　全部が課外授業みたいなものなんです、これもおもしろい、これもおもしろいねとずっとやっていきつつ、そこにいかにスキルを担保するか。それがやはりたぶん教育の一番難しいところで、うちはそれを常に考えてやっているわけですね。

茂木　たぶんそれがアクティブ・ラーニングということの意味だと思うんです。竹内の学校の子どもたちはすごい小学生になるね。日本の大学なんて、あんなちんけなところに行かなくてもいいじゃない。アメリカの大学入試のインタビュー(面接)を受けても、そうやって七、八歳からアクティブ・ラーニングで積み重ねてきた子の受け答えはまったく違うと思う。

実はいろいろなところで模擬入試のインタビューをやってみているんです。英語でやるのは無理だから日本語なんだけど、やっぱり日本の高校生は厳しいですね。そもそも問いを立て、それに答える「ソクラティックメソッド（Socratic method ソクラテス式問答法）の訓練を受けていないから、批判的思考も身についていないし、これでは使い物にならないなというのが正直な感想です。でも竹内の学校みたいな教育を一七歳くらいまで受けたら、これは期待できますよ。

中心を外さないことの大切さ

竹内　よく「プレゼンはどうすればいいんですか」と質問を受けるんですけど、それは自然にできるようになるんです。プレゼンのための本を読んでもだめです。そういう話ではなくて、プレゼンというのは毎日やっていないとだめなのです。

自分の言いたいこと、考えていることをみんなに伝えるというのは、アクティブ・ラーニングの本質の部分ですから、そういう学習を普段から日々やっていれば、プレゼンは誰だってできるようになるのです。「プレゼンができない。困りました」という人は、ふだんから自分の意見や考えを表明してないいんじゃないですか。そういう人が付け焼刃で何かやろうとしても、いいプレゼンにはならないと思いますね。

NHKがTEDを日本で紹介したとき、「スーパープレゼンテーション」という番組名にしました。「それはないだろう」とすごいショックでした。TEDのスローガンは「ideas worth spreading」（広めるに値するアイデアの共有）ですよ。

茂木　今年のTEDの会議だと、大学に入ったばかりの一八歳の女性がものすごくナイーブなトークをした。音楽が好きで、ずっと聴いてきたけれど、大学に行ったら周りから音楽が消えてしまった。音楽がなくなってしまったと思ったら、物理の授業で先生が超ひも理論の話をしたらしいんです。この宇宙は全部ひもからできていて、そのひもの振動で物質ができているというのを教えてくれたときに、「そうか、宇宙のすべては音楽だったんだと気づいて、また音楽への愛が目覚めました」、そんなトークでした。

TEDの会場は、著者などの場合はプロの世界の宣伝になっているわけです。ホームページに載せると何百万アクセスが来る。だからそつがないんだけれど、逆に感動もなくなってしまう。それだけに高校を卒業し、田舎から出てきたばかりの女子大生の、ほんとうにナイーブなトークにはみんな感動してしまって、ワーッとスタンディングオベーションになったりする。そういう会場なんだけれ

ど、プレゼンのよし悪しではなくて、そこに広めるに値する何かがあるかという
ことを基準にしているのがＴＥＤなんです。

竹内　それが日本に来たら「スーパープレゼンテーション」になってしまう。

茂木　そう。もう絶望的ですよ。実は生前、心理学者の河合隼雄《かわいはやお》さんと何回かお目にか
かっていて、そのときの話は本（『こころと脳の対話』新潮文庫）にもなっている
んですが、彼が言っていたことで「中心を外さない」というのがあって、いまに
なってものすごくわかるなあと思うんです。中心というのは、物事の核心、話の
芯の部分のことで、たとえば、ＮＨＫの「スーパープレゼンテーション」という
番組タイトルは明らかに中心を外していますよね。

　実はぼくは、この番組の第一回のゲストだったんです。そのときプロデューサ
ーに、「ちょっとこのタイトルはやめておいたほうがいいんじゃないですか」と
言えばよかったのかもしれないけれど、番組の制作にかかわっているわけではな
いから、余計なお世話かなと思って、結局、言わなかったんです。でも、結局そ
ういう態度は、「Honesty is the best policy.」（正直は最良の方策）という観点から言
ったら、みんなが不幸になってしまうかもしれない、とも思うんです。

竹内　中心はわかっていたけれど、あえて言わなかった。そのとき一言「これはちょっ

茂木　と」と伝えていたら、もっといい番組になっていたかもしれない。

竹内　まあ、それはわからないけれど、いずれにしろそういうことは、いかに相手に失礼なく言えるかが重要で、相手を立てたうえで言うべきことの中心を外さないというのがものすごく大事だと思うんです。その点、ぼくは前にも言った「日本のお笑いは終わってる」騒動でうまく芸人さんたちに真意を伝えられなかった。反省しているんです。やはりオネスティを貫《つらぬ》くことはすごく大事かなと思います。中心を外したらだめです。

すべて建て前で言ってしまっている社会、それがいまのこの国の現在進行形です。それはメディアも教育もそうなので、そこで本音の部分を中心を外さずに言っていくというのはすごく重要かなと思います、オネスティを貫いて。ただし、そうするとなかなか仕事が来なかったりとか、いろいろな問題があるけれども。

知性の定義と悪しき権威主義

茂木　ただ、その仕事が来ないという話でも、バランスだと思うんです。無理している仕事だったらその人本人もストレスだし、結局、付加価値もつけていないわけです。とは言っても明日のお米は必要だから、そのへんはバランスなんです。そういうバランスが知性なんですよ。知性の定義というのは、危うさとかリスクテイクといったことをいかにうまくやれるかということだとぼくは思っています。だから、まさにいま竹内が言ったようなことが知性なんです。関連した話で、実は竹内がすごいなと思ったことがあるんですよ。

竹内　えっ、何の話？

茂木　朝日カルチャーセンター（以下、朝カル）というところがあって、ぼくはいままでもお付き合いして行っているんですけど、竹内はある時期からパッタリ行かなくなった。

竹内　何かと思えば、あの話ですか。

茂木　昔、あることがあって竹内は筋《すじ》を通したわけです。その筋の通し方がほんとうに素敵だと思っています。読者のみなさんに簡単に説明すると、竹内がある人を「講師にどうですか」と朝カルに紹介したわけです。ところが朝カルは朝日新聞だからものすごく権威主義で、講師はすでに世の中で知られているとか、著書があるとか、そういう基準で選別するようなところなんです。

　ぼくは一度、小林秀雄の最後の編集者で池田雅延《いけだまさのぶ》という人を朝カルに「どうですか」と言ったことがあるんだけど、そのときの担当者は「そんなことに興味を持って聞く人は誰もいません」と言い放ったからね。頭に来て、ぼくは竹内と違って裏から行ったわけです。ぼくの講座のとき、「今日は池田さんという人に来ていただいています。池田さんでーす」と言って、そのあとずっとしゃべってもらった。ぼくはそうやって裏技を使ったけれど、竹内はプリンシプルの人で、「絶対にここは譲れない」という一線があるから、ガチで「朝カル許すまじ」となっちゃった。朝カルとはいまだに復活していないんでしょう？

竹内　完全に断絶だよね。

茂木　あれは十年くらい前？

竹内　十数年前かな。

茂木　やっちゃったよね。

竹内　やっちゃいましたね、バーンとけんかしましたよね。

茂木　意外と竹内のほうが修復不可能なけんかをすると思う。

竹内　そう、不思議な話で、茂木のほうがすごくけんか好きというイメージがあるじゃないですか。ネットでもしょっちゅう炎上しているし。でも実際はそうではないよね。

茂木　ぼくは修復します。

竹内　必ず修復する。

茂木　竹内は一線越えたら、おしまいだよね。

竹内　そうそう。「これ、だめ」と言ったらそれで終わってしまう。

茂木　それにしてもカルチャーセンターというところは、いま一つ新しい文化の発信になっていないじゃない。その理由はやっぱりさっきの権威主義なんです。名の知れた大学の先生でも並べておけばいいんでしょうと。それでは新しい文化なんて発信できませんよ。

ぼくは朝カルで脳科学の授業を頑張ってやっていますが、やはりカルチャーセンターというブランディング自体が「暇なマダムが教養を身につけにくるところ」というのを超えられないんですよね。その理由は何かと言ったら、本気で新しい文化を発信しようなんて思ってないからです。権威主義にどっぷりつかったままだったら、新しい文化なんて発信できるはずがない。そういうものは無名だけれど熱い思いを持った人たちが生み出すものだから。そういう意味でも、あのときの竹内の判断はまったく正しかったと思う。

そもそも朝カル的な権威主義からは、前に話したアメリカのマッカーサー・フエローシップみたいな発想は絶対に出てこない。受賞者は無名の人ばかりだから、受賞が決まって一億円あげると言われると、ほとんどの人がいたずら電話だと思うみたいね。つまり肩書なんか関係ないんです。世の中に知られていないすごいやつを見つけて応援しようという意欲がある。それがアメリカ社会のすごいところで、カルチャーセンターの講師一人決めるのにも立派な肩書を求める彼我の差は絶望的だなと思う。

大学改革に見る「実学、即戦力」の意味不明

竹内　いまの大学改革の議論のなかで、ちょっと実学寄りにしないとこれからやっていけないみたいな話があるけれど、どう思いますか、ああいうのは。

茂木　実学寄りってだいたい意味がわからない。

竹内　いままでは虚学だったということですかね。

茂木　実学ってどういう意味？

竹内　巷間《こうかん》よく言われているのは、企業にとって即戦力になるような学生を育てないといけないみたいな話なんだろうけど、そもそも即戦力って何という話ですよね。

茂木　無理でしょう。たとえばハウスの人としゃべったときに、カレーの話をしたんだけれど、スパイスの話だけでもものすごい世界がある。あと猿田彦珈琲《さるたひこコーヒー》ってありますよね。いますごく有名なサードウェーブのコーヒー屋さん。あそこの創業者の大塚朝之《おおつかともゆき》さんと話したときも、感動したなあ。やっぱりコーヒーはコーヒーですごい世界があるんです。コーヒーは標高などの一定の条件を満たしたところでないと最高の豆は採れないそうで、そういう場所は世界中探しても地理的に限られるから、必然的にそこの豆の奪い合いになる。だから大量に安値でまとめ買いするようなところはコーヒーの豆の質を保つのが極めて難しいのだと。

あるいはネスカフェの方と話したときには、コーヒーは挽《ひ》いたらすぐに酸化し始めるから、本来、どんなにいい豆でも飲むときに挽かないとだめなんだけれど、ネスカフェゴールドブレンドはコーヒー豆をうまくくるんであって、その酸化が起こらないようになっている。だから下手なレギュラーコーヒーよりもうまいし、実際、有名フレンチでも出しているところがあると。

さてそこで即戦力というのを考えたとき、会社に入れば、そういうことを仕事としてやらなきゃいけないんですよ。コーヒー屋さんなら、コーヒー豆の産地から焙煎や酸化防止、原価率の設定などあらゆる分野に精通しなきゃいけない。それって学問をしているのと変わらないですよね。即戦力の学生ということは、それを学生時代にやっておけということなんですかね、入社してすぐにできるように。ほんとうに言っている意味がわからない。

竹内　まあ、そこまで求めて言っているわけではなくて、せいぜい英語が話せて少し仕事に慣れたらすぐに海外業務に就けるくらいのイメージだと思いますけど、それにしても即戦力などという言葉が安易に使えてしまうところが、なんとも痛いものがありますね。

茂木　頭が悪いんだよね。

竹内　実際、教育委員会の人や文科省の人と話すとわかるけど、すごく世間知らずです。聞いていて、ええっと驚くことがある。普通の常識がないというか、ビジネスをしている人なら誰もが知っている当たり前のことを知らない。

前にも話したように、当初うちの学校は一条校にするつもりだったんですね。でも、教育委員会の人に「運営が株式会社なら資本金は五〇〇〇万円用意してください」と言われ、なぜ五〇〇〇万円なのか聞いたら、「前例が二つあるから」と言うんです。それでこれはだめだなと思った。

茂木　合理的な理由はないんでしょう。

竹内　そう。経営学修士（ＭＢＡ）で経理の仕事をしている友だちにその話をすると、ベンチャーでいきなり五〇〇〇万円も出して会社をつくるなんて聞いたことがないと言うわけです。そりゃそうですよ。資本金は一〇〇〇万円より下にしておかないと税金をたくさん払うことになりますしね。そのへんの税金の話も含めてなぜ五〇〇〇万円なのか改めて聞きに行ったら、「税金？」と言ってポカンとしているんです。それで、気を取りなおしたように言ったのが、「そういう話はわかりません」。呆《あき》れちゃいましたよ。

茂木　レベルが低いんだよね。

竹内　だから実学だとか、即戦力とか言う。

茂木　付加価値をつくるためには、どんなビジネスでも物事を深く考えなかったらだめで、たとえばコンビニだったらロジスティックスで配送ネットワークの最適化だとか、それはすごい高度な数学なんですよ。そんなの大学出たての新入社員にできるわけがない。

竹内　一つヒントになるかなと思うんだけれど、昔、ぼくが経済学の授業を取ったときに、その先生は経済学の大家の先生で、自分が翻訳した教科書があるんだけれど、それは使わないでくださいと言う。みんなが、えっ、と驚いたら、「これはね、虚学なんですよ」と先生が言うんです。これをやっても実生活では役に立ちませんからと。

茂木　マシュマロを食べるのを我慢していた子どもは、その後の人生で成功する確率が高いという認知科学の知見があるんです。スタンフォード大学の研究者が行った有名なマシュマロ・テストです。じゃあ人材育成にこれが使えるか。新人の配属された職場にマシュマロを置いても、認知科学の知識がないと、マシュマロを食べるのを我慢することにどういう意味があって、それはどういう能力と関係しているのかわからないから、結局、人材教育にはならないでしょう。即戦力というのは、じゃあ早速マシュマロを買ってきてもらおうか、というレベルの話ではないわけじゃないですか。

ネスレジャパン社長の高岡浩三《たかおかこうぞう》さんが言っていたことが実におもしろかったんです。ネスレはいますごく利益を上げて、企業価値が高いのですが、高岡さんによれば、人材育成や働き方のノウハウは、いくら公開しても真似ができない、だから我々は公開するんだと言うんです。これはすごい話です。

いわゆるコーポレートカルチャーの部分というか、いくら公開しても、コピーはそう簡単にはできない。では組織文化とはそもそも何か、どういう要素があるのか、これはものすごく高度な学問です。他社が必死に真似ようと思っても無理なものをどうやって新人が即戦力として身につけるのか。無理でしょう。

竹内　あれはやっぱりあくまでもお役人が机上の空論で考えたんだと思う。

茂木　エクセルが使えるとかそういう話？

竹内　たぶんそういうレベルの話だと思う。

茂木　でもいまどきエクセルが使えても付加価値はそんなにない。

竹内　ひょっとしたら、ちょっと簿記読めますとか、そういうレベルかもしれない。恐ろしい話ではあるけれど。

茂木　簿記なんかもう人工知能の仕事だよね。

竹内　結局、彼らの頭にある即戦力は、これからはすべて人工知能がやるんです。

料理は最先端の学問になる

茂木　結局、アクティブ・ラーニングで深い思考力とか、批判的思考力がつかないと、高い専門性も身につかないわけです。この国の教育にはその部分がものすごく欠けていて、だからいま付加価値が生み出せない経済構造になっているんだと思うんです。

竹内　それは言えますね。

茂木　ぼくはコーヒーにすごく興味があるんだけど、竹内がコーヒーのことを調べ始めたら、凝《こ》り性だから、きっと深入りすると思う。そして、いままでにないコーヒーの形態を考えつくかもしれませんね。

アメリカのスターバックスがこの春、ユニコーンをイメージしたキュートなブルーとピンク色の「ユニコーンフラペチーノ」を発売しました。これがインスタグラムで思わず共有したくなるほど大人気になっている。

ということは、飲食店の戦略として、おいしいのはもちろんだけれど、見た目やネーミングなどがインスタで広げたくなるようなものだと商売上得するわけじゃないですか。それを理解するには意外と高度な専門知識が要るんですが、仮にそういうのを即戦力だとすると、即戦力はかなり高度な学問がないと無理だと思うんですよね。

竹内　たぶん彼らの頭にあるのは、深い教養のようなものではなくて、何か知らないけれど、もっと実用的なそろばん的なものなんじゃないですか。深い教養というのは、好きなものをずっと深掘りしていくわけだから、それがずっとあって、ものすごいネットワークになって、初めて使いものになるのに、それは要りませんよ、無駄ですよと彼らは言うんだと思う。

茂木　日本で教養があると言っている人たちの話を聞いていると、教養のない人が多い。たんに知識があるだけ。

竹内　そうそう。知識の羅列《られつ》。そういう人に限って知識をひけらかす。

茂木　あれは教養じゃないよね。だから日本にまだこの概念が入ってきてないんです。たとえばナポリタンのつくり方一つとっても、ものすごく深いと思いますよ。麺《めん》の太さや茹《ゆ》で方はどうするのか。茹でてからいったん湯切りして、ケチャップで炒《いた》めるんだけど、オイルは何がいいのか、ケチャップにマヨネーズを入れたほうがいいのか。おいしいナポリタンをつくろうと興味を持ったら、そこには無限の世界がある。その結果、画期的なナポリタンをつくれるようになったら、ビジネス上、すごいことになるかもしれない。

竹内　常に具体的なテーマから入る。

茂木　もちろん。そこから広がっていく。

竹内　そうなんですよ。抽象的な何かとか、ドリルとか、そういうものではない。

茂木　それは学問の最先端の問題にすぐなっていく。逆なんですね。

竹内　そう、逆なんです。計算技術とか、そういう話ではないんです。簿記の技術とか、そういう話でもないんです。

茂木　それをちゃんとやろうと思ったら、どうせそういう方向になるから。

竹内　やっていくと、次々と問題が出てきて、それがすべてつながっていって、ものすごく深くなっていって、しかも広がってくるわけでしょう。それって自分の生身の知識というか、それが教養になってくるわけだから。

茂木　竹内の学校では料理は？

竹内　やってますよ。うちの学校にはクッキングの授業があるので。

茂木　どういう感じでやってるの？

竹内　この間はフィリピン出身の先生が自分の国の地元の料理をつくって、文化的な話を少しやりました。あとはうちの妻がけっこうクッキングの授業をやっている。おいしいご飯はどうやったら炊けるのかということだって、極めたらすごいビジネスになる。

茂木　そう、それに関して言えば、すごくおもしろい話があります。実はうちの学校ではクッキングの授業でご飯を炊くんです。ただし炊飯器は使わない。お鍋で炊くわけです。「えっ、お鍋で炊くの⁉」、子どもたちはびっくりします。「普通は炊飯器でしょう?」「いや、お鍋でもご飯は炊けるんだよ」と言って、お米はこれくらい、お水はこれくらい、火加減はこれくらいと話しながら一緒にやる。実際に炊き上がると、おーっとなる。

茂木　子どもたちはいま炊飯器というブラックボックスでご飯は炊けると思っている。ポンとスイッチを押すだけ。でもそうじゃないんだよ、お鍋でも炊けるんだよと言って、一緒に炊いてみる。一回目はうまくいかない。芯が残ったりしてまずい。何がいけなかったんだろう。お水の量かな、火加減かな。いろいろ考える。

竹内　それでもう一度炊いてみる。今度はおいしく炊けた。こうして体得するのがほんとうの知識だと思うんです。

茂木　まさにそうですよ。それには日々、好奇心を持つこと、疑問を持つことです。さっきナポリタンの話をしたけど、そもそもパスタを茹でるときになぜ塩を入れるんだろう。実はさっき話しながら、ふと気になってしまったんですよね。

竹内　何かそこから広がっていく感じがあるわけでしょう。

茂木　ぼくはもともと子どもの頃からそういう人間だったのだけれど、最近は特にそんなことばっかり考えていて、毎日ほんとうに楽しいんです。もちろん仕事のことも考えますが、そっちのほうが楽しい。教育の本来の姿ってそういうものでしょう。

竹内　ひたすら自分の疑問を追いかける。

茂木　そう。この前、あるシェフの方と料理をする機会に恵まれたのですが、プロの料理人は塩味をすごく気にしますね。意外なもの、たとえばカレーでもやっぱり最後の味の決め手は塩味だと言うんです。しかもそれがつくり手の年齢とか体調とかで微妙に変わるので、ほんとうに塩味の加減は難しいんだと。塩の味付け一つでもこれだけ深い話になってくる。

竹内　だからそこからいろいろと広がっていくんですよ。文化の話になったり、科学の話になったり、場合によってはビジネスの話にも展開していく。でも、始まりは素朴《そぼく》な疑問、好奇心なんです。それこそが学びの原点です。

宿題より大切なのは自分で負荷をかけること

竹内　ぼくは宿題が嫌いでした。これをやれと言われて、自分の時間がなくなるのが嫌だったんです。じゃあ、学校はどうだったのかというと、実はつまらない授業が多かったので、ほとんど聞いていなくて、全然違うことをやっていました。自分で持ち込んだ本を読んでいたり、数学の問題を解いたりしていることが多かったかな。先生もそれを知っていて別に注意しませんでした。だから宿題を子どもが楽しくやっているならそれでいいし、そうでないなら、無理にやらなくてもいいのかなというのがぼくの考えなんです。

茂木　それでいいと思います。

竹内　聞くところによると、いまどきの学校の宿題って家に帰ってから一時間では終わらなくて数時間かかることもあるみたいですよ。

茂木　それはいくら何でも出しすぎだよね。ぼくは大学で教えていても宿題はゼロですから。ぼくも竹内とまったく同じようなタイプで宿題は嫌いなんです。日本の学校のクラスシステムは情報の時間当たりの流通量が低すぎるんですよ。認知的な負荷が低すぎるから退屈しちゃうわけ。だからぼくなんかも合法的に遊ぶために、先生の話を聞くふりをして、英語の辞書を開いてずっと読んでいました。それは要するに自分の脳に対する負荷は自分で調節するという哲学です。繰り返しますが、日本の学校のクラスシステムにおける授業の情報密度は低すぎます。

竹内　それは言える。だから退屈なんです。

茂木　学習において最も重要なことは、自分で自分に負荷をかけるという、その態度を学ぶことに尽きると思うんですよ。だから学校の宿題も、脳に対する負荷の一部だと考えて、これを一時間でやっちゃうと決めて終わらせて、あとは自由に好きなことをやるというのが現実的かなと思います。

自分の負荷は自分で決める。このたった一つのことを学ぶだけで人生は一気に道が開けます。負荷は先生やほかの誰かから宿題のような形で与えられるものだと思っている限り、厳しい言い方になりますが、その人の人生はそこ止まりになってしまう。だから自分で自分の課題を見つけること。それが何より大事だと思います。

竹内

いま茂木が言ったことについてちょっと補足すると、たぶん教育というのは、根本的には子どもが将来なりたいものになるためにするんですよ。だからそのために必要な教育をやるべきなのです。何かお仕着せで、お前はこうなれみたいなのが一番ダメ。子どもが将来なりたい自分で生きていくには、字義どおりまず生きる術を学び、そのうえでどうすればなりたい自分になれるのかを学ぶ必要があります。

そこで大事になるのはいま茂木が言ったように自分で自分の課題を見つけることです。学校というのは、結局、そのために必要な知識とヒントを与えてあげるだけなんですよ。だからその課題を自分で探せるかどうかはすごく大事になる。自分は何になりたいのか、そのためにいま何をどう勉強したらいいのか、それを自分で考えて、自分でやっていくんです。それを我々はある意味手助けをするだけなんです。

ピアプレッシャーを打破できるか

竹内　よく海外から日本へ帰って来た人が「ピアプレッシャー」(Peer Pressure)ということを言います。ピアは仲間という意味で、これにプレッシャー(圧力)がついて、日本語では同調圧力と訳されるのが一般的です。

たとえば出版界で言うと、大学の偉い先生が一般向けに本を書きます。そのときに、ほんとうは一般の読者を見て書かないといけないんだけれど、その大学の先生はピアプレッシャーがあるんですよ。一般向けの本を書いたら同業の先生たちから何を言われるかわからないわけです。それで論文みたいな難しい本を書いて、結局、誰も読んでくれない。そういうことがよくあります。

あるいは長時間労働の問題で言えば、自分だけ先に帰ると同僚の目が冷たい。

だからなかなか自分一人早く帰れない。日本の社会には確かにそうした同調圧力の強いところがあります。教育とも大いに関係する話だと思うけれど、どう思いますか。

茂木　文脈に合わせてやるしかないのかなと思います。組織にあっては、ある程度その文化に合わせるのが適応的で、だからカギになるのは文脈を複数持つことかなと思うんです。ぼくはものすごく合わせますよ。文科省に対して今日はめちゃくちゃ言ってますけど、文科省の方とお話しするときは、それなりのことを言います。

それはその人とどうやれば一番いいコラボができて、お互いに学べるか、結果としていいものがつくれるか、ということを考えたとき、その組織文化に真っ向から反対することがプラスになるとは思えないからです。ぼくは地上波テレビは一秒も見ないし、特に日本のお笑いの文化については非常に批判的ですが、たまにはぼくもそうした番組に出ます。そのときはそういうことは言いません。その場で一番いい結果を出したいから。

竹内　どうしても職場のピアプレッシャーがつらいという人は、自分がもっと心地よく感じるような仲間なり、場を持つというのも一つの方法かもしれない。

茂木　もしそういう場がなかったら、自分でつくればいいんじゃないかな。趣味の会を立ち上げるとか。そうすると心の余裕もできると思うから、職場にいる時間はちょっとした仮装パーティをやっているみたいでかえって楽しくなるかもしれない。

竹内　課題ははっきりしているわけだから、あとはそれをどうするか。答えは必ず見つかります。

第5章

新しい時代をつくる創造性と多様性を身につける

自分の声を見つける――「ピッチ」に耐える表現力

竹内　アクティブ・ラーニングでは創造力や表現力が養われます。たとえばうちの学校では授業のときによく演劇みたいなことをします。

茂木　演劇の手法を取り入れた学習法「ドラマ・エデュケーション」ですね。

竹内　そう。これをやると子どもたちは一生懸命に表現のしかたを工夫するんです。たとえばその演劇の登場人物になりきって、台詞を元気一杯に叫んでみたり、年取ったおじいさんみたいに力なくゆっくりしゃべったりします。それを保護者のみなさんと見ていて、拍手してあげると子どもたちもすごく満足感がある。

茂木　いいよね、そういう授業。

竹内　自分で表現するというのは、自分で言いたいことを考えてそれを工夫して伝えることですよね。演劇であれば、ただ台詞を読むだけではだめなんです。それは表現じゃない。だから表現するというのはすごく大切なことだと思うんです。

茂木　表現能力はいろいろなこととつながります。たとえばいまベンチャーをやりたいという学生たちが少しずつ増えています。竹内の学校もベンチャーだよね。起業家がベンチャーキャピタリスト（投資家）に一分ほどプレゼンをすることを「ピッチ」（Pitch）と言います。その間に自分たちがやりたいことを的確に言わないとお金を出してもらえない。

前にも話したティール・フェローシップという奨学金は、大学に行かないことが唯一の条件で、二年間で一〇〇〇万円くらいもらえるんですが、審査の際の面接はまさにピッチです。いかに的確に自分を出すか、表現するか。日本の意識高き学生たちは、それを大学生になってからやっと練習し始めるわけです。あるいはビジネスのプレゼンもそうで、会社員になってから、じゃあお前、ピッチをやれと言われる。アメリカなどではそれを小一からやっています。勝てるわけがない。

竹内　無理ですよね。

茂木　確かに。

『glee／グリー』というアメリカのテレビドラマがFOXで二〇一一年から二〇一五年まで放映されました。グリーとは自分を表現する喜びという意味で、このドラマはオハイオ州ライマにある架空の高校のグリークラブ（glee club 合唱部）が全米のグリークラブの大会に出て優勝するまでの軌跡を描くのですが、その過程で彼らは同性愛や人種差別の問題から性同一性障害や高校生の妊娠の問題までみんなで悩み、考え、成長していくわけです。その表現力がドラマと言えどもすさまじい。

竹内　あれはおそらく小学校からドラマ・エデュケーションみたいなことをずっとやっているからできるんです。日本人はそういう教育をまったく受けずに大きくなる。教育があまりにも時代遅れで、これではプレゼン一つとっても彼らには到底かなわない。じゃあ日本の教育が変われば、日本人も変われるのではと思うかもしれないけれど、文科省が変われるとは思えないので、結局、竹内の学校みたいなところに通うか、文科省とは無関係に自分でやるしかない。

うちの学校に小学二年のときずっと不登校だったという子どもがいます。三年生にはなれたんだけれど、二年をやっていないので、うちの学校に入ってもう一度二年をやりたいということで二年生に入ってきた。その子はワアワア、ワアワアすごく活発で、お母さんの話ではＡＤＨＤ（attention deficit／hyperactivity disorder 注意欠陥・多動症）と診断されて学校では先生が匙《さじ》を投げてしまったみたいなんだけど、うちではけっこう楽しくやっているんです。

前にも話したようにうちの学校ではカポエイラ（ブラジリアン格闘技）の授業があって、一週間に一度、先生が教えに来ます。基礎的な型の練習をしたあとに、みんなで輪になって、そのなかで二人で戦うんです。戦うと言っても相手を叩くわけではなくて、相手にかすらないように、相手にぶつからないようにギリギリでかわしつつ、技を繰り出していく。

茂木　型を見せるわけね。

竹内　そうそう。それって要するに踊りですよ。だからカポエイラはダンスみたいだと言われるんですが、すごく活発なその子はなぜかそれをやりたがらない。「いい」と言うんです。みんなが見ているところに入っていって、やるのは嫌だと。びっくりしました。こんなに活発で、ワアワア、ワアワア騒いでいるのに、そういう場面で舞台に立てないんです。ところが一カ月ほどしたら、突然その子が「やる」と言い出した。何となくみんなが普通にやっているのを見ていて、うらやましくなったのかもしれない。

茂木　何かスイッチが入ったか、ストッパーが外れたか。

竹内　いままでは積極的に「はい！」と言って入っていって、どんどんやっています。舞台に立って自分を表現できるようになったわけです。カポエイラが彼を変えたんです。

茂木　『グリー』では同性愛とかいろいろな問題と向き合いながら乗り越えていって、

「Find Your Own Voice」というところで自分自身の声を見つける。だからこれはすごく象徴的なメタファ（metaphor 隠喩《いんゆ》）なんですけど、それができている日本人はあまりいない。そのカポエイラの小学生は自分の声を見つけられたんだと思います。みんなのなかでどういうふうに自分を出したらいいのか、これがわかるほど楽しいことはないんですね。日本の教育はそれが全然できてない印象がありますね。

音楽は楽典ではなくジャムセッションで覚える

茂木　竹内の学校の授業の話を聞いたら、学校というのを国語、算数、理科、社会という教育観でイメージしている圧倒的に多くの人たちは、たぶん不安になると思います。

竹内　「カポエイラ？　何それ？」と思うでしょうね。理解できないかもしれない。

茂木　だけどホームスクーリングで学ぶ天才少女作曲家のアルマ・ドイチャーさんの受けている音楽教育は、楽理やバイエルのような機械的なトレーニングは一切しないで、作曲と即興演奏を重視するやり方なんです。それで自分で好きに弾いていたら、ウィーンで上演するオペラをつくれるまでになってしまった。ト長調とか変ロ調とかそういうのを最初におぼえなくても、好きなように曲づくりをしていけば、自然とお気に入りの作曲家の楽譜だって読むようになりますよ。自分で学ぶようになるんです。

竹内　前にも述べたことですが、アクティブ・ラーニングをすると、標準化されたテストの成績も普通の学校に行っている子より高くなるというエビデンスはものすごく重要なことなんです。だから、おそらく竹内の学校もそのうち標準化されたテストをやれば、きっといい成績が出ると思います。文科省がやっているのがあるよね？

文科省がやっているのは受けられないかもしれないけれど、塾がやっているものは受けられるからね。それをやれば何となくわかるんじゃないかな。

茂木　そうだよね。

竹内　実際、音楽というのは、たとえば楽典をいくら勉強しても楽器は弾けないわけです。歌うのがうまくなろうと思ったら歌うべきで、楽器も同じです。それも練習するなら、みんなでジャムセッションをやるのが、実は一番いい。自分よりうまいのがそこにいるので、それに合わせて一生懸命練習したりするでしょう。それがいいんです。

練習するときは、一つひとつの音を楽譜にしたがって弾いたってしょうがない。コード進行みたいな大まかな約束事があって、みんなでこのコード進行でやろうぜと言ってやる。

茂木　アメリカのジャズの人たちなんかはそんな感じですよね。

竹内　そうそう。当然、すごく美しい和音を奏でるときもあれば、そうでないときもあるけれど、そういう授業をやれば、たぶんかなり速いペースで楽器は修得できるんです。ところがそれをやらないで延々と機械的な練習をやる。これでは楽器はうまくならないし、上手に曲は弾けません。

茂木　『セッション』（原題：Whiplash）という映画がまさにそうでした。熱血天才コンダクターとジャズドラマーを目指す若者との師弟関係を描いた作品で、ものすごく厳しい音楽教育の実態が表現されている。それで、ジャズピニストの山下洋輔《やましたようすけ》さんにうかがった話が、すごくおもしろかった。

子どものときにお姉さんがピアノを弾いていて、それで自分も適当に即興《そっきょう》演奏していたんだけれど、バイエルとかやらされてすごくつまらなかったというんですね。それで小学校に上がったらそういう教育を受けていた女の子がいて、楽譜どおりには弾けても、即興でやれと言うとできない。

さらに、山下さんは自分のやり方をその後も続けて、結局、音大にも入ったのですが、そこにはエリート教育をずっと受けていた音楽家がいた。あるとき山下さんはその人がピアノを弾いている最中にいたずら心を出して楽譜を一枚ひょいと抜いたんですね。そうしたら何と彼はその一枚を飛ばして次を弾いていた。つまり一枚抜けたことに気づかなかったわけです。楽譜を追っているだけで、曲の構造とか理解してないわけです。

竹内　二人とも曲の構造が頭に入っていれば、即興で適当につなぐこともできたかもしれない。山下さんの話を聞いて、音楽におけるアクティブ・ラーニングのメリットをすごく感じたんですよね。

ピアノが弾けるというと、バイエルをやりますとか、チェルニーの一〇〇番をやりますとか、音大を卒業しましたとか言うんだけれど、弾けるのは有名な曲が何曲かで、即興演奏はできないんです。それでは音楽を修得したとは言えないでしょう。それじゃだめなんです。それが音楽に限らず、いまの日本の教育で普通に行われていることです。

正確に弾くより曲の構造を理解する

茂木　ピアノコンクールについておもしろい話を聞きました。日本のピアノコンクールは、正しく弾けるかどうかのテストみたいだけれど、海外の国際的な音楽コンクールはまったく違うと言うんです。

ある人は著名な国際コンクールの本選に出場したとき、まるでコンサートみたいだと感じたそうです。会場に来ているお客さんたちは、出場者の演奏がつまらないと途中で出て行ってしまう。音楽コンクールと言っているけれど、実際は興行みたいな感じで、出場者は正しく弾けるかではなくて、いかに演奏で人を魅了できるか、それが大事になるんです。

その人の言葉で深いなと思ったのは、「うまい下手ではなく、もう一度その人の演奏が聴きたいかどうか。それだけ魅力のある演奏をしているかどうか。お客さんにとって大事なのはそれなんです」。つまりどれだけ正確に弾いても魅力がなかったらもう一度聴こうとは思わないし、逆にミスタッチがあっても、それを補って余りある魅力があれば、また聴きたいと思うわけです。

そう考えると、プロのコンサートピアニストになるという目標を考えたときに、バイエルから始まって正確に弾けることだけを積み上げていく努力にどれほどの意味があるのかという話になりますよね。一方で山下さんのように即興で弾く訓練はそこにもう直結するわけです。そのあたりの考え方がまったく違うんですよ。

竹内　うちの学校にはウクレレの授業があります。先生に来てもらってウクレレを弾くんですが、授業はいきなりコード進行から入ります。とにかく一曲弾く。それで別の曲になったときに、「あれっ、コードが同じじゃん」という話になります。同じコード進行の曲をあえて選んでおくのですが、違う曲なのにコード進行のパターンが同じということにちゃんと子どもたちは気づくわけです。そうすると次は、それをちょっとずらして移調したときも、実は同じパターンで進行しているんだなという話になってくる。

茂木　実際に演奏しながら、そうしたことを体験的に覚えていくわけですね。

竹内　そういうことです。

茂木　これはまた別のピアニストの方で、意外と遅くピアノを始めた人がいます。いま世界的に活躍している人ですが、その人は聴音を徹底的にやったというんですね。有名な指揮者の岩城宏之《いわきひろゆき》が東京藝大のときのことを書いたエッセーで書いていますが、山本直純《やまもとなおずみ》は名だたる藝大生のなかでも聴音が抜群で、ジャーンと指一○本で音を鳴らすと、全部の音を言えたそうです。聴音はいろいろなことの基礎だからとても重要なんです。だから、竹内のいまの話を聞いて思ったのだけれど、コード進行が同じとわかるというのはすごくないですか。

竹内　楽器というのは、まず楽譜全体を分析すると言うか、全部サーッと見て、これはどういうパターンでコード進行しているかというのが頭に入らないと弾けないわけですよ。だから細かい一個一個の音だけを忠実に再現しようと思っていると、楽譜が一枚抜けても気づかない。コードとか曲全体の構造が頭に入っていれば、「あれっ、一枚ないや」って気づくはずだし、一枚なくてもそこの構造がわかっているから、何となく同じような感じで弾いてしまえば、たぶんつながるわけでしょう。

茂木　そういうことだよね。

日本の教育からはみ出すことが大事

茂木

ぼくは日本の教育については悲観的です。保護者の世代が昔の教育、学力観が染みついちゃっているから、何を言っても馬耳東風でまったく気にしないでしょう。一〇年ほど前からいろいろ言い続けてますけど、全然変わりません。不思議でしょうがない。

じゃあ何でぼくは普通の日本の学校教育を受けたのに大丈夫だったかと言うと、はみ出し者だったからです。あるとき児童精神科医の人に「茂木さん、子どもの頃に学習障害の診断を受けませんでしたか」と真顔で言われたことがあるんですけど、ぼくはクラスルームでの振る舞いはかなり非典型的でした。先生の話も聞いていなかったし。

ぼくがいま日本の教育問題に関心があるのは、自分の失われた機会をすごく感じるからです。いまから振り返ると、学校のカリキュラムの外でやっていたことが一番楽しかったし、大事だったと思うんですね。それは小、中学校で言えば蝶々の研究だし、高校で言えばみんなで上演したオペラでした。そういうことがもっとあったらよかったなと思うわけです。そうしたら違った人間になっていたかもしれないと思う。

竹内　いろいろな人と話をしてみて思うのは、ぼくの友だちとか学校に協力してくれている人は、ほとんどみんなはみ出し者です。みんなが決まって言うのは、授業がつまらなくて聞いていなかったということ。もちろん、たまにはおもしろい授業もあるけれど、ほとんどの授業はつまらないから、何か別のことをしていたと。みんなそう言います。

茂木　そうですね、内職でした。

竹内　みんな内職しているんです。内職していたはみ出し者は、ある意味ちょっと自由にやっているわけです。それってすごくもったいない。ほんとうに機会損失なんです。

茂木　内職しているようなことを、本来もっと大っぴらにフルタイムでやれたらよかった。

竹内　そうそう。それがいいことなんだよと公認されて、どんどん探求できれば、別に隠れてやる必要はないわけじゃないですか。

米国大学進学適性試験ＳＡＴが求める概念的理解の深さ

茂木　やっぱり大学入試を変えないとだめで、そもそも日本の勉強は試験に通るためのものですよね。試験で学力が測れると思ってきたわけです。これは完全に時代遅れの考え方です。では何が学力なのか。

たとえばＳＡＴというアメリカの大学進学適性試験があります。その考え方は、どんなかたちで学んでいたとしても、人間はいろいろなプロジェクトにかかわります。するとこういう能力はきっと発達するし、必要だし、アメリカの大学に入ったあと何を学ぶかわからないけれど、これは共通に必要な部分だよねということをテストしているわけです。

具体的には Critical Reading（読解）、Writing（文法と小論文）、Mathematics（数学）の三つですね。そこではたとえば、コンセプト・インベントリー（Concept Inventories 概念指標）という考え方に基づいて、学生の科学に対する概念的理解の度合いを調べたりします。たとえば力学という概念をどれぐらい理解しているかを知るためにこんな問題を出したりします。

「ボールを上に向かって投げました。落ちてきます。このときこのボールにかかっている力は次のうちどれが正しいでしょう？」

①下向きの力と上向きの力がかかり、上向きの力は徐々に減っていってボールが頂点に達したときにゼロとなり、その後は上向きの力はゼロとなる。

②上向きの力と下向きの力がかかっていて、上向きの力も下向きの力も上に行けば行くほど小さくなって、下に行けば行くほど大きくなる。

③上向きの力はなくて、常にほぼ一定の下向きの力しかない。

④ボールが落ちてくるのは単に地球の表面にものがあるほうが安定しているからである。

——竹内君、答えをどうぞ。

竹内　③ですね。

茂木　さすがサイエンス作家。下向きの力が一定にかかっているというのが答えです。こういう概念が理解できているかどうかというのをコンセプト・インベントリーテストと言って、知識を問う問題よりも本質的だといまの認知科学では考えられているんです。大事なのはここからで、アクティブ・ラーニングをやると、このコンセプト・インベントリーテストの成績が普通のテストよりもさらに上に行くんです。

竹内　質問するし、考えるから。

茂木　アクティブ・ラーニングでは自分たちで手を動かしてモノを組み立てたりする。そうすると物理学を体系的に学ばなくても身についてくるんです。

竹内　前に地理から始まって、大陸移動説に行って、それから地球の内部の話に行ったときに、何で地球は丸いのにみんなはそこにくっついているんだみたいな話になって、それは足のほうに塩がたまっているからだという独創的な意見が出たという話をしましたよね。この話は重力の話につながるわけで、そうするといまの力学の問題とかも自然に解けるようになると思うんです。だからそのためのいろいろな試行錯誤、自分で考えて、みんなと議論して、先生もそこにちょっと入っていろいろなヒントを出したりとか、いろいろな映像を見てみたりとか、そういうことをやっていくうちに、何となくそういう力学の概念についても理解できていくんじゃないかと思うんです。

茂木　コンセプト・インベントリーテストの特徴は、それを考えているときに使う脳の部分が違うというか、意外と深いところにぶつかっている感じがしませんか。

竹内　確かにそうですね。

茂木　だから単なる知識を問う問題だと、意外と浅いところというか、単純にメモリーを探索しているみたいな感じなんです。実は学習観とか学習プロセスに関する科学的な知見は、最近ものすごく進んでしまっているんです。それが日本の教育現場にはほとんど入ってきていない。

竹内　この間、ちょっと怖い話を聞いたんですよ。重いものと軽いものはどっちが速く落ちますかというガリレオの実験の話になったんだけれど、それを大学で科学の授業を持っているある先生が間違えて教えているというわけです。

茂木　その先生は何て言っているの？

竹内　密度が関係すると教えてるらしいんです。落下の公式は、$y=(1/2)\ gt^2$だから、密度は関係ない。その人は物理の先生じゃないんです。一応サイエンスだけど、違う分野の先生です。それで学生に間違ったことを教えている。これまでどうやってサイエンスを学んだら、そうなるのか不思議でしょうがない。おそらく座学でずっとやってきて、何かがコンセプト的に間違ってしまったんだろうなと思うんだけれど。

茂木　たとえば血液型による性格なんていうのも、小学生くらいでO型はバランス感覚がどうのこうのとか言う子どもがいますよね。どうやったらそれを調べられると思うか、ブラインドでその人が何型か教えないで、性格からして何型かとか、いろいろなやり方があるじゃないですか。それで統計を取って、検定して、統計的に有意差が出るかどうか、やればいい話ですよね。小学生だと難しいかもしれないけれど、中学生になったらできるかもしれない。やればいいのに、そういう発想が日本だとほとんどない。

竹内　確かにそうですよね。

茂木　日本ではかなりいい教育を受けてきた人でも、論理的に批判的思考ができる人って極めて少ない気がします。

新しい経済を生み出すのに必要な教育

茂木　いまの日本の経済は、一昔前の発展途上国型のツーリスト経済や、電機メーカーのつくるデバイスのように定型的なことを一生懸命やることで何とか回っているけれど、アマゾンエコーのような世界が驚く製品はほとんどつくれなくなっています。それはおそらく教育の影響がすごく大きいと思うんです。

竹内　それはある気がしますね。たとえば一〇〇円ショップに行けば、たいていのものが売ってるじゃないですか。たんなるモノは、もうほとんどただみたいになってしまっている。

茂木　差別化の特性をなくして日用品化した商品ばかりで、完全にコモディティ化しちゃってるわけだよね。

竹内　じゃあお金はどこに流れているのかと考えると、インターネット以降は、実体もないし形もない、情報を使ったサービスや製品のところに行くわけですよ。みんなでインスタグラムをやってみたりするわけでしょう。だからそういうものをシステムとしてつくった人たちのところに、いまお金が集まっている。日本は、たぶんそれがあまりできていない。それをすごく感じます。

もっともだからこそ、モノづくり日本みたいなことへの郷愁も強いんでしょうね。でも振り返ってみれば、ソニーはアナログのウォークマンで一世を風靡《ふうび》したあと、レコード会社も映画会社もあってパソコンもつくっていたのに、結局、アップルのｉＰｏｄのような製品はつくれなかったわけです。音楽配信という形で手持ちの資源や技術を組み合わせるという発想に至らなかった。もちろんそれまでの成功体験が足枷になった面もあると思うけど、発想で完全に負けていた。

茂木　「オープンイノベーション」（Open Innovation）ということがよく言われます。これは簡単に言えば、自社だけでなく外部の技術やアイデアなどを有機的に結合させて新たな価値を創造することだけれど、たとえばいまイーロン・マスクがスペースXで再利用可能なロケットをやっている。その打ち上げの動画がYouTubeにあって、それを見るとほんとうにチームワークなんですよ。『ドリーム』（原題：Hidden Figures）という映画もすごくよくて、NASAの有人宇宙飛行計画であるマーキュリー計画のためにいろいろな人がチームワークを発揮して、それぞれの部署でベストを尽くしてやっていく。いまそれをグーグルとかアップルとかいろいろなところでやっているわけです。

すごいなと思うのは役職などもダイナミックに変えていくことですね。これはあなたの部門だからやりなさいというのではなくて、常にフレキシブルに本質は何かということを考えてプロジェクトの成功のために人の配置を変えたり、自分の役割を考えながらダイナミックにやっていく。彼らはアクティブ・ラーニングで、そういう訓練を小学校の一年からやっているわけです。

竹内　だから、やろうぜとなったときのグループがすごい。ノリがいいんです。

茂木　まさにそれ。ぼくは日本の企業の人と話すとき、いつも思います。グループ感が全然ない。それは結局、小学校の頃からずっとお受験して、ペーパーテストの成績で評価されることに慣らされてきた人たちだからです。官僚になる人たちも公務員試験の席次で人生が決まるわけで、加計学園問題で話題になった前川喜平《まえかわきへい》さんは四位だったのに珍しく文科省に行ったとほめられた。あの人たちはそういう世界で生きている。

いまの必要とまったくミスマッチしているんだけれど、日本人はそれに飼いならされているから、大学に入るまではペーパーテストでいいと思っているんです。そしてチームワークをダイナミックにオーガナイズするようなことは社会に出てからを学べばいいと考えている。でも、それでは遅いんです。小学校の一年からそれをやらないと。竹内の学校もそうだろうけど、インターナショナルスクールに行くと普通にチームでやっているんですよ。グレード（成績評価）はつけるの？

竹内　つけます。そのときもペーパーテストの結果ではなくて、「どれだけ授業に積極的に参加しますか」「どれだけみんなに教えてあげますか」とかいろいろな評価項目があるんです。アクティブ・ラーニングの評価のしかたはすごく多彩です。

茂木　そのグレードのつけ方って、実社会のグレード、人事評価とほとんど同じじゃないですか。

竹内　実はそう。

茂木　それってすごくリーズナブル、つまり合理的じゃないですか。

竹内　そうなんです。学校を出たあとに突然評価法が変わるといったら、「じゃあ、今日から知的なジャムセッションに入ってください」と言われて、「えっ、弾けません」みたいな話じゃないですか。「やったことないです。一人だったら弾けるんですけれど」と、そういう話でしょう。それはきついと思うんです。

茂木　そうすると日本の大学の卒業生は、あまり給料ももらえず、評価も低い定型的な仕事のほうにどんどん追いやられていってしまう。

人工知能で変わるのはキャリアの概念

竹内　そういう定型的な仕事は、この先、ますます人工知能に置き換わっていく。だから世界はいま、みんなアクティブ・ラーニングに向かっているわけです。ＡＩ社会になっても生きていけるように。世界は変わっているんです。

茂木　グーグルの囲碁ＡＩ「アルファ碁（AlphaGo）」が世界のトップ棋士を次々に撃破して日本でも大きな話題になりましたけど、ＡＩ社会のほんとうの衝撃はそんなことではなくて、キャリアという概念が変わるということなんです。人間とＡＩが戦ってどっちが勝つかということは、もう終わっている話なのです。

棋士たちに最も衝撃を与えたのが、アルファ碁が練習のために自分自身と囲碁を打った際の棋譜です。人間相手だと、人間が打つ手があるから半分は人間らしい囲碁じゃないですか。ところがアルファ碁同士が練習のために打っている棋譜が、いままで見たことがないような棋譜だった。

やらない人にはわからないかもしれませんが、囲碁の定石に「星への三々《さんさん》入り」と呼ばれる手があります。三々入りというのは、隅《すみ》から（三、三）の地点に石を置くことですが、これを他に石がない状態でやるのは、あまり有利な手ではないと言われていました。ところがアルファ碁同士の戦いを見ると、それを序盤からやりまくっている。

いままでなら、棋士が一生を囲碁に捧げて、老境に差し掛かった頃にやっと「彼も円熟の境地に達しましたね」などと言われていたわけです。それがいまでは高校生のプロジェクトで囲碁のプログラムをつくってみよう、一カ月でやってみようという時代です。いずれ一カ月もあれば、棋士が一生かけて到達した円熟の境地をはるかにしのぐ囲碁ＡＩを高校生でもつくれるようになるでしょう。

竹内　日本人は職人がこつこつ一生をかけてやり抜くみたいなのが好きじゃないですか。実際、匠《たくみ》の精神を海外にアピールしてもいますよね。もちろん、それを否定するわけではないですし、人間の棋士同士の戦いには意味があるけど、一方でぼくなら呆然《ぼうぜん》としちゃうと思うんです。何十年も囲碁をやってきたのに高校生が一カ月でつくった人工知能に敗れたら、「俺の人生、何だったんだろう」って。

茂木　でもそれが現実なんですよ。我々はそういう時代に生きている。キャリアの考え方を根本的に変えないといけない世の中になっているのです。

竹内　だから人工知能とは違う土俵で人間はやっていかなくてはいけません。そうすると、ペーパーテストみたいなものはすべて過去問ですから、人工知能は一瞬で学習してしまいます。それはもう人間はかなわないわけです。やってもしょうがないものは、もうやめましょうと、そういうことなんですよ。

評価する人に求められるクリエイティビティ

茂木　この国がＡＩ時代を生きていけるかどうかは、結局我々が、多様性ということをどれだけ受け入れられるかにかかっているんだと思います。これまで話してきたアクティブ・ラーニングを教育の現場で行うようになると、学習経験は人の数だけあるようになります。いままでは小学校から高校まで共通のカリキュラムでやっているから、個々の学習経験はほぼ均一でした。

それがアクティブ・ラーニングをほんとうにやれば、一人ひとり学習経験が違ってくるし、深掘りしているところも違ってくる。そうなったとき、大学入試の評価をどうするか。一人ひとり事情が違うわけで、それをアドミッションオフィスがどう評価するのか。大学を維持しようと思ったら、この国はそれに向き合わないといけない。それはいままでの日本人が持っていない経験値なので、実際はかなり難しいでしょうね。

竹内　何を基準に評価すればいいのか、評価する人間自体に経験がない。評価をするアドミッションオフィスの人もクリエイティブにならないと、クリエイティブな人材は採れないですよね。

茂木　一〇年ほど前に聞いたすごくおもしろい話があります。アメリカの大学院やビジネススクールに入るにはＧＲＥ（The Graduate Record Examinations）という試験を受けるのが一般的ですが、世界でも有数のカリフォルニア工科大学（California Institute of Technology、略称 Caltech カルテク）のある教授は、大学院生を選抜するとき、実際に学生と会って、話して、一週間くらいお試しで一緒に過ごしたり、研究をしたりして、それで決めていました。GREのスコアは落とすときの言い訳に使っていました。

竹内　つまりその教授はGREではなく、実際に人物を見て合否を決めていたわけです。これはものすごく本質的なことで、日本では大学院の入試は合議制です。専攻によって先生方が話し合って、この人は入れる、落とすとやる。ところがカルテクの場合は、その教授の話からもわかるように、教授が決めていい。評価の基準も別にない。それを日本人が受け入れられるかどうかということです。ぼくは受け入れるべきだし、それ以外にないような気がします。

茂木　そうしないと多様な人材はたぶん来ない。

竹内　日本人はコミッティ（committee 委員会）をつくって、客観的な指標で何点だからどうのこうのということをやりたがるでしょう。それをやるともうだめ。

茂木　そうすると平均点の人ばかり入ってしまう。その平均点君だけだと多様性がなくなるので、それだとだめなんです。

前にも話したように、何で偏差値が出てきたかというと、入試の合否予想を少しでも精度を上げようという教師の親心から出てきたわけです。偏差値で予想できるような入試をいままで実際やってきたわけです。
　では今後もし個性を積み重ねて、それをＡＯ入試で評価するとなったとき、日本の大学入試で真っ先に変わらなくてはいけないのは何かと言ったら、それはやはり国立大学の併願禁止です。いまは前期、後期だけですが、北大から琉球大学まで二〇カ所に出願ができて、そのうち一三カ所から合格をもらって、さてどこに行きましょう、という世界に移行しないと難しい。

竹内　やっぱり競争がないので。

茂木　そうしたら東大に受かったけれど、地元の弘前《ひろさき》大学に行こうかというケースもきっと出てくるでしょう。

竹内　でもそのためには、その弘前大学がそれなりの魅力あるコンテンツで優秀な学生をどうしてもほしいという意思表示をする必要があるわけでしょう。そのときにどういうものを提示してくるのか。たとえば、じゃあ授業料免除ですよ、奨学金を出しますよと、そうやって優秀な学生を取りにいく。それを海外の大学はいまやっているわけだから。

茂木　それが当たり前なんですよ。

AI時代を生き抜く力を与える教育

竹内　子どもは知的好奇心がすごく旺盛《おうせい》です。だから未知の世界を知りたがる。大人がSuica（ICカード）を使っていれば、自分も使ってみたい。知らないことが嫌なんです。いまうちの子どもはパソコンを使いたいと言うんです。もうiPadではなくてパソコンに行きたい。常に大人がやっていることをやってみたくなるんですよ。それがたぶん知的好奇心の原点です。それは結局、旅をしたいんです。自分の未知の世界を見てみたいということから始まっているわけです。子どもはそれでいいとぼくは思うんです。

茂木　ただ問題は、子どもが一〇年先の社会にあってもしっかり生きていける力を与えてあげるのは、やっぱり大人の役目です。そこはちゃんと導いてあげないといけない。

竹内　そう。単純に子どもを野放しにして、「好きなことをやればいいんだよ」と言って、それでうまくいくとは限らないわけで、そこは大人がこれからの時代はやっぱりこういう能力が必要だよなと判断して、ある程度、環境として与えてあげる必要があると思う。

大きな時代の流れとして、いま第四次産業革命が来ている、人工知能社会が近づいているというのは、子どもにはまだわかりません。それは大人が理解すべきことで、そのうえで子どものために必要な教育を設計してあげるというか、そういう環境を与えてあげるのが我々親の務めではないかと思うんです。

茂木　何でかというと、そこはもう文科省に期待しても無理だから、自分たちで子どもに何がしてあげられるか考えるしかないんです。文科省はもう関係がないんだと思う。

竹内　結局、彼らに任せられないのはなぜかと言ったら、机上の空論が多いからです。現場がないからどうしてもそうなってしまう。

茂木　この本の最初に「二〇四五年問題」の話をしましたけど、コンピュータが人間の知能を超えるシンギュラリティは実はもう起きてしまったというのがぼくの見解です。なぜかというと、ＩＢＭのワトソンなどの人工知能のシステムもそうだけれど、ほかにもゲノム編集のツールである「クリスパー・キャスナイン」(CRISPR/Cas9) であるとか、レーザー光線を使った自動運転用センサーの「ライダー」(LIDAR：Light Detection and Ranging、Laser Imaging Detection and Ranging) であるとか、ものすごいイノベーションが同時多発的に起こっているわけです。

これらの技術革新は我々の暮らしや生活環境に大きな影響を与えずにはおきません。人間の脳を基準として、それを超えるという意味でのシンギュラリティは狭い定義で、もっと情報のエコロジーというか、環境が我々人類に与える意味というもっと広い定義においては、つまりアメリカの心理学者のジェームズ・ギブソンが提唱した生態学的な認知におけるシンギュラリティは、実際にはもう起こってしまったんです。世の中のインテリジェンスシステムはすでにそうなってきている。

竹内　そういうものがワーッと来るので、文科省が言っているような学力ではあっという間に陳腐化してしまって使い物にならなくなるわけです。

茂木　日本の政治的な議論というのはいつもそうだけれど、文科省の役人が理解できる範囲で、ない頭を絞って、大学の入試はこうしたほうがいいんじゃないかと何か一生懸命に言っていますよね。でも、ものすごいテクノロジーが五年後、一〇年後には津波のように押し寄せてくるので、それらは結局すべて無効化していくと思います。

だからいま我々が教育において準備しておくべきことは、日本の大学の入試をどうするかとか、そんなチマチマした話ではなくて、時代の本質を見抜いて、これから何が我々の社会に起ころうとしているのかということをよくよく考え、想像して、それを生き抜く力を子どもに与えるにはどういう教育をすればいいのか、いまから真剣に考えないといけないということです。

いまの日本の教育はゾウの前のアリ

茂木　人間の思考能力というのは、脳という限られた容量の計算機を前提に考えられています。たとえば将棋の棋士であれば、あの羽生善治《はぶよしはる》さんでもメモリーは限られています。けれども人工知能はメモリーも計算速度も限られていないから、全然違うアプローチでやっているんですね。いまはアルファ碁などが、まだトップ棋士と打っていますが、でもあれは一対一で人間に合わせてくれているわけです。

竹内　別に一〇〇万人の人と同時に囲碁を打ってもいいんです。できますからね。でもやらない。人工知能にとって囲碁を何人とやろうが、そんなことに意味はないから。

茂木　シンギュラリティはもう起こっている。それを考えたとき問題なのは、たとえばインターネット上にこれだけいろいろな情報があって、動画があるのに、いまだに地上波テレビをありがたがって見ている人たちがたくさんいることです。いまだに地上波テレビを見ている人は恐竜時代に生きている人です。まあ、竹内も出ているけど。

竹内　何と言えばいいのか……。でも、いい番組もあるけどね。

茂木　それはさておき、想像してほしいんですよ。ネット上にたくさん情報があって、動画があって、それこそいろいろなプログラミング環境もあったりして、でもそれはまだ人間を前提にしているけれど、別に人間なんていなくても勝手に流通しているわけです。そこにおいては、文科省の言っているレベルの教育なんてまったく意味がない。ゾウの前をアリンコが歩いているみたいなもので、ゾウが一歩足を踏み出したらたちまちアリンコは踏み潰されてしまうわけです。

同時多発的にものすごいイノベーションが起こっていて、とんでもない時代に我々はこれから突入するのです。そこで我々が見ておくべきことは、たとえばスペースXのイーロン・マスクのような世界のベスト・アンド・ブライテスト（the Best and the Brightest 超一流の人材）が何を考えて、どういう行動を取っているかです。それをしっかり参照していく。必要なことはすべてその情報に含まれます。だから文科省が何を考えているかなんてことは、これからはもう気にしなくていいんです。

竹内　それはたとえて言えば、メジャーリーグが野球をやっているときに、日本の地方の草野球チームが何をやっているか気にするようなもので、意味がないんですよね。

茂木　これからは、五年後、一〇年後にどんな技術が広がっているのか、ある程度予想する必要があるし、それができないと生き抜いていけないのではないかと思います。たとえばＩＢＭのワトソンは、これからいろいろなところに確実に入っていく。だからコールセンターは間違いなくなくなります。何年先になるかはわからないけれど、自動運転でタクシーの運転手という職業もなくなるはずです。そういう時代が確実にやって来る。

国土交通省は自動運転のタクシーに最初は抵抗するだろうけれど、中国でもやっている、シンガポールでもやっているとなったら、日本でもやらないわけにはいかなくなる。日本の省庁の既得権益を守る陳腐な抵抗は、どうせ負けるに決まっている戦いなんだから、そういうことをあまりゴチャゴチャ考えてもしょうがないというのがぼくの見解です。

竹内　たぶん役人の数も半分以下に減っていきますよ。

茂木　実際、要らないでしょう。

竹内　判子をペッタンやる人は全然必要ない。だからそういう点が全部変わってきて、たぶん共通認識として、いま世界が変わってしまったというのがあるわけです。

茂木　もう変わってしまった。

竹内　問題は、学校の先生がそれに気づいていないことです。だから気づいている人が、きちんと教育を変えていかないといけない。

茂木　ぼくはやはり人間が変わるということに期待したいわけです。学校の先生も教育委員会や文科省のアホな人たちに合わせているんです。現場の先生の一人ひとりは生活人としていまの世の中を見ているし、それこそいろいろなことに興味を持っている。人間として、生きものとして、元気を取り戻せば学習はできるはずです。だから「もう文科省や教育委員会に合わせなくてもいいんだよ」と言ってあげたい。それで「ああ、よかったんだ。じゃあ、俺たち、勝手にやらせてもらうわ」となったら、そこからルネサンスが始まりますよ。

竹内　そうですね。だから我々みたいなベンチャーの小学校がまず始めて、地域の先生に気づいてもらう。それがたぶん次のステップでしょうね。

茂木　文科省や教育委員会の人も、たぶんコスプレをしているだけなんでしょう。教科書検定というのがあるから、それにあわせてやっている。だから、教科書検定なんて必要ない、くだらないと言って、みんなでやめればいいんです。そうやってどうでもいいゲームの構造をみんなでいっせいにやめた瞬間に、「あれ、いままで俺たち、何をしてたんだろう」となりますよ。

多様性を受け入れる教育

竹内　いまうちの学校に識字にちょっと問題のあるお子さんがいるんですね。

茂木　前にも少し触れたディスレクシア。学習障害の一種ですね。

竹内　そういうお子さんを預かったとき、どう考えるか。診断しましょう、ディスレクシアだから識字がだめです、それでは出ていってくださいと言えるのか。

茂木　診断してもしょうがないものね。

竹内　そう、診断してもしょうがないんです。教えていれば当然、そのお子さんはそういう問題を抱えているのはわかるので、それではどうしましょうか、どうすればその子がきちんと漢字が書けるようになりますか、覚えられるようになりますかと考えて、その子に関してはちょっと時間をかけてとか、方法を変えるわけですね。その子どもの個性としてそれを受け入れて、ほかの子どもと同じようにきちんとしたかたちでスキルを身につけるにはどうすればいいかと考えていけばいいわけです。たぶんそれが多様なお子さんを受け入れるということだと思います。

ただ、それは大人数の教室ではできないんです。一人の先生が三〇人を見ている状況ではそのお子さんだけにかかわれないので、それは無理です。そうだとすると、どうしても少人数制になってしまうという問題は出てくるんですね。うちの学校はまだ生徒が多くないのできちんと個別に面倒も見られる。ただ、その弊害として授業料は多少高めになってしまう。そこはこれから考えないといけない問題ですね。

茂木　脳には個性があって、たとえばディスレクシアのように識字が苦手な場合は人の話をその場で聞いて理解する能力が発達するとされています。つまり文字情報に頼らずに、その場で理解する。そういうふうに考えると、結局、人の能力というのはデコボコしていて、全部満点である必要はないんですね。だから個性の特にいいところを気づかせるような教育であってほしいなと思います。

竹内　日本の学校のいまの問題点というのは、それを平準化しようとすることですね。

茂木

これが足りない、あれも足りないと短所ばかり見るけれど、そうではなくて、これが長所なんだから、そこをとにかく伸ばしつつ、こちらの足りない部分は最低限、上に上げてあげればいいわけです。長所に注目してあげると子どものほうもたぶんやる気が出てくるし、勉強も楽しくなると思うんですよ。

だからほんとうのことを言うと、日本の教育を変えようと思ったら、ある程度けんかをしなければいけないんでしょうね。どういうふうにけんかするかは戦略が必要だけれど、やはりそうしないとわからないと思う。

あとがき

私は、しばしばツイッターなどで「炎上」する。空気を読まずに、自分の考えていることを書いてしまうからである。

その時々に大変だけれども、基本的に後悔しない。自分の意見を言うことのほうが、空気を読むことよりも大切な場合があると考えるからである。

日本の教育がまさにそうだと思う。この国の教育は、根本から考え直さないと、ほんとうに大変なことになる。そんな思いから、今回、大学時代からの親友、竹内薫との対談の本ができた。

この本は、ひょっとしたら炎上してしまうかもしれない。それでも構わないと思っている。もちろん、自分の言うこと、竹内と話したことのすべてが正しいとは思わない。ただ、議論が始まるべきだとは思う。そうでなければ、日本の子どもたちが浮かばれない。

一番大切なこと。それは、教育には「現場」があるということだ。

私が問題だと思っているのは、常に「システム」のことで、現場でがんばっている先生方、関係者の方々を揶揄《やゆ》する気持ちは一ミリもない。一方で、「システム」が変わったほうが、もっと先生方の努力が実を結ぶのにと思う。子どもたちが伸びるのにもったいないと思う。そのような危機感から、このような本を世に問うた。

人間の脳にとって、学びは、空気のように大切なものである。学ぶことこそが、脳の存在意義であり、それは心臓が鼓動するように自然なことなのだ。日本の学びをもっと自由闊達《かったつ》なものにしたい。この本は、そんな私の、そして竹内との共同の、思いでありマニフェストである。

竹内自身も、いま、新しい学びのあり方を提案し、実践している。私自身も、これからも学びについてさまざまな提言をしていきたいし、脳科学との関連も探っていきたいと思う。

一つだけはっきりしていることがある。学びのシステムは、どの時代でも、けっして完璧なものにはなりえないということだ。何よりも、システムを変えようとしても、変わるのを待っている間に、「いま、ここ」にいる子どもたちは、育っていってしまう。学びの本質は、「いま、ここ」で何とかするということにある。そうでなければ、間に合わない。「最先端の教育」を実践するのは、いまだ！

教育、学びに関心がある方は、ぜひ本書を手にとってみてほしい。ここには、学びの「ベストプラクティス」に関する大切な情報、ヒントがあるはずだ。もちろん、私や竹内にすべてが見えているということではない。ただ、現時点で私たちの視野に入る一番大切なことを、お伝えするよう最大の努力をしたつもりである。

学びは一生続く。何歳になっても遅いということはない。もしこの本がきっかけとなって、もっといろいろなことを学んでみたいと思う読者の方々が少しでも増えてくださったら、こんなに嬉しいことはない。

茂木健一郎（脳科学者）

切りとり線

★読者のみなさまにお願い

この本をお読みになって、どんな感想をお持ちでしょうか。祥伝社のホームページから書評をお送りいただけたら、ありがたく存じます。今後の企画の参考にさせていただきます。また、次ページの原稿用紙を切り取り、左記編集部まで郵送していただいても結構です。

お寄せいただいた「100字書評」は、ご了解のうえ新聞・雑誌などを通じて紹介させていただくこともあります。採用の場合は、特製図書カードを差しあげます。

なお、ご記入いただいたお名前、ご住所、ご連絡先等は、書評紹介の事前了解、謝礼のお届け以外の目的で利用することはありません。また、それらの情報を6カ月を超えて保管することもありません。

〒101―8701（お手紙は郵便番号だけで届きます）
祥伝社　書籍出版部　編集長　萩原貞臣
電話03（3265）1084
祥伝社ブックレビュー　http://www.shodensha.co.jp/bookreview/

◎本書の購買動機

＿＿＿＿新聞の広告を見て	＿＿＿＿＿誌の広告を見て	＿＿＿＿新聞の書評を見て	＿＿＿＿＿誌の書評を見て	書店で見かけて	知人のすすめで

◎今後、新刊情報等のパソコンメール配信を　　希望する　・　しない

◎Eメールアドレス

@

100字書評

10年後の世界を生き抜く　最先端の教育

住所

名前

年齢

職業

10年《ねん》後《ご》の世界《せかい》を生《い》き抜《ぬ》く 最先端《さいせんたん》の教育《きょういく》

日本語《にほんご》・英語《えいご》・プログラミングをどう学《まな》ぶか

平成29年11月10日　初版第１刷発行

著　　者　茂《も》木《ぎ》健《けん》一《いち》郎《ろう》

　　　　　竹《たけ》内《うち》　薫《かおる》

発行者　辻　浩　明

発行所　祥《しょう》伝《でん》社《しゃ》

〒101-8701

東京都千代田区神田神保町3-3

☎03(3265)2081(販売部)

☎03(3265)1084(編集部)

☎03(3265)3622(業務部)

印　　刷　萩原印刷

製　　本　積信堂

ISBN978-4-396-61629-8 C0030　Printed in Japan

祥伝社のホームページ・http://www.shodensha.co.jp/